荆门历史文化名人传记丛书

舒成龙传

刘伟峙◎著

长江出版传媒
湖北人民出版社

图书在版编目(CIP)数据

舒成龙传/刘伟峙著. --武汉:湖北人民出版社, 2018.11

(荆门历史文化名人传记丛书)

ISBN 978-7-216-09633-1

Ⅰ.舒… Ⅱ.刘… Ⅲ.舒成龙—传记

Ⅳ.①K827=49

中国版本图书馆CIP数据核字(2018)第283142号

责任编辑：李　立
封面设计：张　弦
责任校对：范承勇
责任印制：王　超

出版发行:湖北人民出版社	**地址**:武汉市雄楚大道268号
印刷:武汉中远印务有限公司	**邮编**:430070
开本:880毫米×1230毫米　1/32	**印张**:7.125
版次:2019年5月第1版	**印次**:2020年8月第2次印刷
字数:155千字	**插页**:1
书号:ISBN 978-7-216-09633-1	**定价**:28.00元

本社网址：http://www.hbpp.com.cn
本社旗舰店：http://hbrmcbs.tmall.com
读者服务部电话：027-87679656
投诉举报电话：027-87679757

序

文化，是一座城市的独特印记。城市的文化根脉来自历史深处，它是城市的基因、灵魂和特质所在。我们只有知道自己从哪里来，才能明白往何处去，否则就会忘记初心、迷失方向。

荆门——荆楚门户、千年古城，文脉昌盛、人文荟萃，拥有丰饶而广博的文化资源，呈现独特而鲜明的文化气象，诸多优秀中华文化的杰出代表，犹如一颗颗璀璨的明珠镶嵌在荆门历史长河之中。荆门是道家思想源头，隐居于此的“道家始祖”老莱子传道授徒、教化世人，其道法自然、天人合一、人与自然和谐共生的理念，穿越数千年的历史时空，仍闪烁着不朽的光芒。出土于此的“中华第一书”郭店楚简，被誉为“改写中国思想史的典籍”。荆门是象山文化圣地，城西有山曰象山、有湖名文明，南宋著名理学家陆九渊知军荆门期间，修城治军、整顿吏治、兴学重教，每逢政务之暇，亲临象山讲学，教化人心，士民化服，当朝丞相盛赞“荆门之政，入古循吏，躬行之效至矣”。荆门是荆楚文化中心，“去柳叶者百步而射之，百发百中”的军事家养由基，战国“四君子”之一、后封邑浦江、建功上海的春申君黄歇，风华绝代的民间歌舞艺术家莫愁女，留下“阳春白雪下里巴人” 著名典故的楚赋鼻祖宋玉，无不映射出昔日荆门的大楚盛风。

江山代有才人出，各领风骚数百年。从道家始祖到理学大师，从草莽英雄到一代名臣，从民间歌女到一朝天子，从战国公子到一州之长，他们的人生，书写了一幕幕荆门历史往事，留下了一段段动人记忆；他们的身上，附丽着精彩的奋斗传奇，记录着感人的家国情怀。老莱子与老莱山庄、顺泉，黄歇与黄歇村、黄歇冢，莫愁女与莫愁湖、莫愁村，王匡、王凤与绿林山风景区，陆九渊与象山景区、陆夫子祠，嘉靖皇帝与世界文化遗产明显陵，周培公与周公祠，舒成龙与龙泉书院、龙泉，这些现存的人文胜迹，烙印着他们的灵魂归依，寄托着荆门人的景仰与追思。

名贤千古，思者常新。以文化人、以文化物、以文化城，挖掘名人文化、弘扬人文精神，教育、激励、影响后人，可以坚守文化根脉、汲取文化力量、光大优秀传统文化。从这个意义上讲，《荆门历史文化名人传记丛书》的付梓，是荆门人守护共同精神家园的大功大德，体现了荆门人的文化自珍、文化自觉和文化自信，必将成为触摸荆门历史文化的一扇窗口、感知荆门历史文化的一张名片、研究荆门历史文化的一部史料。

泱泱中华，文化浩荡。文化根脉养育了人的精神，塑造着一座城市文明的高度。沿着历史根脉走到当下、走向未来，我们坚信，在新时代争当江汉平原振兴发展示范区排头兵的新征程中，荆门文化事业必将蓬勃发展，绽放出新的时代光彩！

是为序。

张爱国

2019年4月24日

（作者系中共荆门市委书记）

目 录

第一章 任丘少年

一、望子成龙

自太行到渤海，巍巍高山渐行渐缓，直到变为平坦而广袤的冀中平原；大河之水随势疾走，劈山穿谷，犹如条条银链，镶嵌在大地之上。银链的中端，众河积聚为一颗晶莹剔透的钻石宝坠，那就是白洋淀。

白洋淀素以“华北明珠”著称，是华北地区最大的淡水湖泊，其秀美的自然风光，不同于水天一色的大型湖泊，也有异于山水相映的山区水库。淀中有村，村中有淀，河淀相连，田水交错。乾隆皇帝曾一连为白洋淀写下多首诗篇，在一首题为《鄚州道中》的诗中写道：“我爱燕南赵北间，溪村是处碧波环。若教图入横披画，更合移来几迭山。”以审美的姿态观察白洋淀，倒是别具一番情怀。

壕沟苇荡把白洋淀串成巨大的水乡泽国，紧邻白洋淀东下游的，便是河间府的任丘县。任丘虽然不大，名气却不小，这里是神医扁鹊的故乡，三国时魏将张郃也是从这里走出的。就地理位置而言，任丘处在燕南赵北之要冲，交通便利，一片繁华。

在任丘县东约20里，有一个名叫石村的小村落，村子虽然没有县城热闹，但居住却颇为舒适。在村子中间，一大片麦田旁的小高地上，有一栋中型带庭院的房子，房子附近，有几棵高大的树木，一个池塘，一片菜畦，院内还盛开着各种芬芳的花。

康熙三十九年（1700年）农历九月十五日，在这栋房子里，一个白胖小子呱呱落地。他和村里的大多数人一样姓舒，学名叫成龙，父母为他取这样一个名，其意即有“望子成龙”的愿望。

舒成龙出生的季节，正是白洋淀美丽的深秋。按说这个季节北方应该少雨，但成龙出生那日却一反常态，大雨一直淅淅沥沥下个不停，可当婴儿的啼哭声响起后，雨竟悄无声息地停止了。

虽然夜色已深，舒家上下却忙里忙外、一片欢腾。

成龙的父亲舒东峄，时年24岁，是一名太学生，因为学业而婚迟。数年前，他的父亲舒瑜在弥留之际，曾专门把他叫到床边嘱咐，一定要给舒家生个男孩传宗接代。这句话舒东峄一直放在心上，盼望着生个大胖小子，如今第一胎就得偿所愿，舒东峄自然是高兴得合不拢嘴。另一边，舒成龙的母亲望着躺在身边的婴儿，一脸幸福。这位从邻县深州嫁过来的女子姓边，心地善良，话语虽然不多，却是受过良好教育的。

舒氏一族在石村是个大家族。成龙的祖父舒瑜，学富五车、中过进士。成龙降生时，祖父虽已去世，但在家族中依然还有着很高的声望。父亲舒东峄在京城勤学苦读，见多识广。舒成龙作为家中的长子，他的出生不仅给这个和睦的小家庭带来了欢乐，对于整个舒氏大家族来说，也是举足轻重。这年恰逢农历庚辰龙年，成龙名字的含义，既取了属相龙的祥瑞之意，又代表着祖辈、父辈乃至整个家族对他的殷切期望。

父亲舒东峄虽然忙于学业，可对成龙却是格外的疼爱。只要有空闲，舒东峄都会带着成龙出去玩耍，夏天去摘池塘里的莲蓬，秋天去看白洋淀的芦花，赶上附近的庙会，舒东峄会把小成龙扛在肩上，穿梭在人流中，给他买串冰糖葫芦，一起听韵味悠长的任丘大鼓，看精彩绝伦的民俗表演。

更多的时光，舒成龙则是在母亲的陪伴下度过。他的母亲边氏心灵手巧，不仅会用芦苇编制漂亮的苇席，还会用芦苇杆制作成口哨之类的各种玩具。

在他3岁那年，母亲开始教他简单的识字。5岁那年，父亲正式教他《论语》，幼时舒成龙的聪明在他学习时显露无遗，他记忆力很好，即使是论语中比较拗口的句子，往往父亲领读几句后，他都能流利地背诵出来。

虽然平时舒东峄对成龙和善可亲，但传授知识时却很严厉，还经常会板着一副面孔。就连舒成龙的母亲都时常打趣，怎么刚才还是“笑面罗汉”，一到了读书时就变成了“鼓眼将军”。严父出孝子，所以舒成龙很小就懂得了要孝顺父母，每次吃饭时，都是先侍奉长辈，然后才自己吃。

康熙四十五年（1706年）春，7岁的舒成龙，和石村大部分孩子一样，被送往村里舒氏本族所办的一所私塾就读。

这所搭建在村东杏园的私塾，为舒成龙的祖父舒瑜所创办，舒瑜染病去世之后，私塾的管理和教育重任就落在了其弟舒琨的肩上。舒琨是舒氏家族中颇有声望的博学之士，对于这位亲叔祖父，舒成龙虽然平时接触不多，却有着某种天生的畏惧。

那年杏子成熟的季节，舒成龙跟着大孩子们去私塾偷杏子，刚摘没多久，叔祖父就拿着戒尺急匆匆赶来，吓得舒成龙连树下掉落的杏子都顾不上捡了，周边的小伙伴们也一哄而散。童年的那段记忆，让舒成龙对去私塾上学之事，一直心怀不安。

开学的第一天，舒成龙乖乖地起了个大早。母亲把新做的衣服给他穿上，父亲则把文房四宝摆列在祖先神位前，一边上香，一边念念有词，说的尽是些保佑成龙日后能够学业有成、金榜题名、光宗耀祖的吉利话。准备完毕，母亲特意给舒成龙煮了一碗他最爱吃的鱼肉面，又在他的书包里放了一根葱，“葱”是“聪”的谐音。等舒成龙吃完面后，父亲就领着舒成龙往私塾走去。

这是一所十分传统的学堂，“四书五经”在这里有着至高的地位，进入学堂，要先行拜师礼。成龙倒也懂事，对这位年过花甲的叔祖父毕恭毕敬，按照规矩，先对着孔夫子的牌位拜了三拜，然后又对着舒琨行了拜师礼，就算是正式入学了。

满园的杏树，在院子里安静地伫立着。学堂内，书声琅琅。舒成龙在这里开始了他的学习生涯，之前不安的情绪，也渐渐烟消云散。大约过了半年，舒成龙就和年纪相仿的同学们混得熟稔。他在课堂上十分用功，先生教课时，他极少与其他孩子们交头接耳，完成布置的功课，也是毫不懈怠。

放学回家后，每当舒成龙高声诵读时，舒东峄总是会轻捻着胡须，赞许着说道：“学习的真谛既要懂得书面上的知识，又要体会到文中的字义和文意，从中学到为人处世的道理。”多年以后，舒成龙出任荆门知州，在荆门开设书院和大家聊起读书的话题时，仍不忘兴致勃勃地讲出这段往事。

私塾的生活，是略显枯燥的。平时，舒成龙会和小伙伴们在这一大片杏园中玩捉迷藏，园中为数不多的几棵老槐树算是遭了殃，树枝树叶经常会被他们折下来打闹一番。放假的日子，舒成龙最喜欢和小伙伴们去白洋淀摸鱼，他很小就学会了游泳，并且水性还不错，作为生长在白洋淀边的孩子，他似乎对水有着天然的亲近感。

二、舒氏一族

舒成龙的孩童时代，是在石村里舒家老宅度过的。

舒姓源于封国，以国为姓氏。因此舒氏一族很注重家族文化传承，舒成龙很小的时候，就开始接触与家族历史相关的教导。在舒家的宗祠内常年悬挂着一幅“望于京兆，源出春秋”的牌匾，让他记忆深刻。逢年过节，他常跟着长辈们去参加宗族的一些仪式，对于舒家的名人和典故，从幼时就在他心里扎下根来。

舒氏一族并不是石村的原住民。

大约在明朝永乐年间，舒姓的一支，在头人舒道武的带领下，由小兴洲迁到任丘石村。小兴洲大概在如今的河北省滦平县一带，那时的小兴洲是长城古北外第一重镇，是辽东、内蒙南下北京的交通要冲，因而成为我国北方历次移民的重要集散地。

对于家族的这段历史，后来舒成龙告老还乡，组织族人编写《舒氏族谱》时，对此专门进行了考证，“先祖原居于古北口外小兴州，始祖道武公，前明永乐中，由小兴洲移家任丘之石村，垦荒拓田，辛勤耕作，凡七传至吾祖”。

面对茫茫荒野、漫天沙土，这位舒氏先祖开荒种地、建屋造房，通过不懈的奋斗和努力，舒家终于在石村定居了下来。

舒道武生有两个儿子：舒庆余和舒端，这两人秉承“忠厚传家久，诗书继世长”之古训，于耕作之余，教子读书，费尽毕生心血，为舒家培养出了两名秀才。

到第三代，舒家人丁渐盛，考中秀才的舒文暹和舒文进自然是其中的代表，这也表明舒氏一族的生活逐渐安稳下来，而且家有余财可供子弟上学读书。此后，舒氏族人开始登第入仕，乐善好施者也不乏其人。

第四代的舒楹为礼部儒士，舒杜为北京国子监的一名太学生。第五代舒涔为八品寿官、舒海也是秀才。到了舒成龙的曾祖父舒勋时，已是第六代了。

这位舒勋老爷子，年轻时生得高大英俊，身体健壮，在县学读书时太出色，被直接选送升入国子监继续深造。人是一表人才，性格又好又孝顺，对待年迈的父母，每日早晚问安，其饮食也是亲自恭奉。不仅如此，他还很会喝酒，一斤都难为不了他，豪饮之后，就着酒兴爱写点文章、吟诵几首五言七言的诗。后来，舒勋不仅候选过训导，还被推举过孝廉。即便是年老以后，还时常被本地县令邀请为座上宾，推选为“乡饮大宾”，来主持仪式。

石村舒家传到第七代，舒成龙的祖父舒瑜，可谓是这一代人中的佼佼者。舒瑜的才学和德行，从其成就可见一斑。

康熙十一年（1672年），舒瑜考中举人。四年后，又高中进士。舒瑜求学专心刻苦，有一次闭门苦读，外面电闪雷鸣，他却沉浸在书本中浑然不觉。他的文章很有才情，一位翰林院的知名学士看过他的文章后，曾这样评价：“文章清明洞彻、苍坚高浑，足为后世楷模。”

不过，舒瑜并没有入仕为官，即使他原本已经候选为湖北谷城的知县，却请辞没有上任。舒瑜把他的主要精力都投放到开办义学、教育后人和赡养父母中了，从某种意义上说，这也正是秉承了舒氏先祖之志。

私塾开办以后，舒瑜不仅每年捐出银两，作为舒氏族人的学习费用，还特别照顾家中有困难的学生，想方设法地资助他们，不让学生因贫穷而荒废学业。

有一年春荒时节，乡邻中有户人家穷得实在揭不开锅。舒瑜知道后，就让人去那户人家叫个人来，给私塾打扫卫生，清扫完毕就给两斤大米作为酬劳。直到那户人家开镰收割，度过粮荒，这事儿才告一段落。

其实，清扫一下私塾，工作量并不大，三下五除二就能完工，压根儿不需要给人家两斤大米。而且，私塾的卫生状况良好，也没有必要让人天天清扫。有人不解，认为舒瑜这是多此一举，还不如将度春荒的粮食一次性捐给他们，也算是善举。舒成龙长大后听说了这件事，立即就能体会到祖父的心思，“人都有自尊心，欠着人情，有良知的人肯定内心不安，总想着偿还甚至加倍报答，哪还能轻松？祖父这样做，算是你情我愿，双方都可以过得更自在”。

从某种意义上说，舒成龙身上许多优秀的品质，都与这位祖父有着千丝万缕的联系，这在以后不难看出。这位祖父的智慧才华，都在他的孙子身上光荣灿烂地盛放了。日后舒成龙开阔的胸襟、正派的为人、以及面对困难勇于担当的精神，正是受到了这位祖父的深刻影响。

舒成龙的父亲舒东峄，是舒瑜的第四个儿子。他天性沉稳，行事严谨，虽然在学问上没赶上自己的老爹，却给舒家生下了五个男孩，除了长子成龙，还有人龙、瑞龙、应龙和云龙。

作为在京城太学读过书的太学生，舒东峄见多识广，教育儿子也自有一套方法。他认同“严父出孝子”的教育理念，对待成龙的学业十分严格，但也不乏慈爱的一面，往往在成龙遇到困难时，都会默默在其身后排忧解难，给予强有力的支持。

三、深州寄读

舒成龙9岁到15岁这个阶段，是在母亲的娘家度过的。

母亲姓边，是邻县深州人，舒成龙9岁那年的春天，父亲舒东峄忙着准备进京赶考，根本无暇照顾成龙母子。同时，成龙的外公边缦卿正好在深州州学担任训导。夫妻俩商议良久，决定把成龙带回深州娘家，让身在官办学校的外公亲自指导。

这是舒成龙长这么大，第一次出远门。临行前，父亲专门带着他到书院给先生和同学们告别。别看成龙年龄不大，却很重情义，他先是强忍泪水，"砰、砰、砰"给先生磕了三个响头。等到和小伙伴们分别时，眼泪再也忍不住，哗哗地流了满面。父亲舒东峄轻抚着成龙的头，默默不语。虽然不舍，但最终还是将娘俩送上了前去深州的马车。

位于河北省东南部的深州，在任丘县南百余公里，这里交通便捷，境内一片平原沃土，是南来北往的交叉口。

"深州"之名始于隋朝。据《深州风土记》记载："隋开皇十六年（597年）于安平始置深州，以城西故深池为名。自此乃有深州之号。"

在去深州的路上，舒成龙显得有些失落。三四月间正是深州最美的季节，这里盛产蜜桃，据《深州县志》记载：汉时"深州土产曰桃，往时有桃贡……北国之桃，深州最佳，谓之蜜桃"。

蜜桃是寿桃的原型，深州蜜桃有两千多年的栽培历史，这个时节，沿途桃林成片、桃花盛开，大人们都在欢声笑语地驻足观看，成龙却因为刚刚和熟悉的小伙伴们离别，闷不作声。

这种情绪一直到住进外公家才有所好转。外公、外婆见到乖巧伶俐的舒成龙喜上眉梢，两老简直乐得合不拢嘴，一个劲地夸成龙机灵，握着他的手喂他吃亲手做的桃花糕。舒成龙刚开始还显得有些拘束，直到有个少年拿着风筝喊他一起放，才顿时开心了起来。这个比他大不了几岁的少年，正是他的小舅舅边镜堂，也在学堂里上学。于是，两人很快就熟悉了起来。

在外公家待了半月，舒成龙就被领进了学堂。虽然是初来乍到，但舒成龙本性淳朴、聪明懂事，不仅深受学堂里的先生喜欢，在孩子群中也很受拥戴。深州的寄读生活，因为有了小伙伴而逐渐丰富多彩了起来。

相比于在家父亲的严加管教，寄读生活给了舒成龙更多的自由。这同时也锻炼了他的自理能力和自我约束的能力。在学堂里上课，舒成龙很守规矩，从不迟到早退。放学后，他总是习惯性地先去母亲那问安，然后再去做自己的事情。他不仅勤奋刻苦，而且领悟力很强，无论是背诵还是做文章，都比别的同学要快半拍，他的书法在同龄人中也是出类拔萃的，一手毛笔字在外公的亲自导教下，就连小舅舅边镜堂都自叹不如。

在深州生活了几年，舒成龙已长成翩翩少年。他对这里有了很深的情谊，无论是物产还是风俗。

深州范围内不仅有深州之桃，还有饶阳之绣、安平之绢，这些皆是别处没有的特产。桃花盛开的季节，舒成龙常常会邀上三两个好友，到桃林赏花吟诗。在中国，桃花一直以来都离不开爱情两个字，人们常说的桃花运，就是因为桃花能给人带来爱情的机遇，有了桃花的祝福，相信自己会很快拥有爱情。所以，自古以来桃花便是文人墨客笔下的宠儿。

以桃花为主题，舒成龙和他朋友的聚会，自然也离不开吟诵爱情诗，大家都是些青春期的少年郎，难免会对历史上一些与爱情有关的故事饶有兴趣。

一日，几位好友在桃树下对诗。

“去年今日此门中，人面桃花相映红，人面不知何处去，桃花依旧笑春风。”一位好友念了首唐朝崔护写的《题都城南庄》，然后绘声绘色地讲述起来：“这个凄美的爱情故事就发生在我们深州，那年桃花盛开的季节，崔护路过深州，在桃林中遇见了一位女子，对其一见倾心，从此念念不忘、爱慕至极。第二年，崔护再来这里寻访那位女子时，桃花依旧美艳，美人却香消玉殒……”

听这位好友说得仿佛身临其境一般，其他人也都附和着起哄。唯独舒成龙却不置可否，淡淡一笑，然后他十分认真地说道：“崔护虽然是河北人，可诗里的故事根本就不是发生在深州，如此没有考证依据的说法，笑谈可以，却不能真当作学问。”

那段时间，深州及其周边的名胜古迹，几乎被舒成龙游玩了个遍。附近的兴隆寺和城隍庙都是他常去的地方。兴隆寺是深州历史最久、规模最大的寺庙，寺门口摆放有两个雄伟的石狮子，门前是一条运粮的官道，来往的行人和马车很多。相传该寺为东汉开国皇帝刘秀所建，这里香火非常旺盛，南来北往的善男信女们聚集在一起十分热闹，寺庙在固定的节日还会举行庙会，有着当地固有的仪式，相比其他伙伴在庙会上吃喝玩乐，舒成龙似乎对这种仪式特别感兴趣，他偶尔还会独自凑到殿门外，静听庙里的老和尚们讲经说法。

求知欲很强的舒成龙，同样流连于深州东大街的城隍庙，这里是深州的重要道教宫观，里面供奉着城隍神的泥塑，还供奉着文判官、武判官。在殿前，有一座坐南朝北、砖木结构的戏楼，上有高台，深州人有听戏的习俗，舒成龙也融入其中，找个阴凉的大树下坐下来，聚精会神地听着，兴致高时，还会自我陶醉般地哼出调来。

除了听戏，深州当地习武的风气也很浓厚。许多家境富裕的少年子弟家都会聘请武师跟着学艺。不过舒家尚文，对习武方面并没有特殊的要求，但这并不妨碍舒成龙对武术的喜爱，他也从差不多年纪的好友中间学了些拳脚功夫，虽然不成套路，也没取得什么成绩，但却锻炼了身体、强壮了体魄，打下了良好的身体底子。

四、初试科举

在深州不知不觉过了六年。康熙五十四年（1715年）秋天，16岁的舒成龙被接回家乡任丘石村。翻过年，他将迎来人生的第一场大考——童子试。

秋天，正是芦苇成熟的季节。风吹，苇摇，朵朵苇花随风舞动、纷纷扬扬，如同漫天雪海中一只只美丽的蝴蝶在飞舞。在这苍茫辽远、水波涟漪的景致中，舒成龙感受到了曾经熟悉而亲切的味道。

然而，仅仅在家中待了数日，他的眉间就有了些不易觉察的忧虑。原来，这几年舒家的家境是一年不如一年。父亲如今在京城太学读书，学业繁重、收入微薄，随着几个弟弟的长大，一家人家大口阔，需要用钱的地方很多，舒成龙的几个弟弟也在学堂里上学了，作为家中的长子，舒成龙深感自己要对这个家庭肩负起一种责任。

在家的日子，舒成龙一边继续苦读，一边也思索着如何来改变家中的困境。

转眼间到了大年三十。这天，石村纷纷扬扬下了一场大雪，舒成龙看着充满童真的弟弟们在雪地里尽情地玩耍，他的心里感慨万分。

除夕之夜，舒家显得格外热闹，男女老少纷纷在迎接新的一年的到来。吃完年夜饭，舒成龙和父亲一起围坐在火炉旁，小声地交谈着，舒成龙尝试着和父亲说出了自己一些外出谋生的想法，遭到了父亲舒东峄的断然拒绝。两人甚至还引发了争吵，舒成龙面红耳赤地认为，作为家中长子的他需要外出挣钱帮家庭摆脱困境。而他的父亲则表示，参加童子试的日期日益临近，在这个重要关节，舒成龙自然应该全力备考，能够顺利迈过这一步。

在清朝，读书人要想“学而优则仕”，童子试是通过科举考取功名的第一步，这也是学子参加科考的第一次资格考试，要取得这种资格，必须在童子试获得录取。而只有通过县、府、院三试，被录取进入府学、州学或县学，才称之为进学，即考取了秀才。

童子试当天，舒东峄天没亮就领着舒成龙出发。来到考场外，这里已经是人声鼎沸。尽管是人生第一次大考，舒成龙还是显得很平静。他环顾四周，发现考场内都是一排排号筒，面向南成一长巷，每一排号筒按照《千字文》的顺序“天地玄黄”依次命名，某字为编号，巷口有栅门，楣墙上大书某字号。进入考场后，大门随即封闭，随着几声炮鸣，考试正式开始。

等舒成龙答完试卷后，他有种不好的预感。初春时节的风，带着凛冽的凉意，让他不禁打了几个冷战。当父亲舒东峄询问他考试情况的时候，他有些沉默了。这种沉默，也让他的父亲感到有些无奈。

放榜那天，舒成龙很早就去查看成绩。正如他考完后不好的预感，他落榜了。那天，舒成龙直到很晚才慢慢踱回家中。如果说这次落榜能够一时让他受感情驱使而冲动起来的话，他也同样知道如何理智地对待。那就是，重整旗鼓，重新再来。

康熙五十五年（1716年），注定在舒成龙的脑海中留下了一段不可磨灭的回忆。

不仅仅是因为初次童子试落榜，而是这一年河北地区遭遇了一场很大的洪灾。我们无从知道这一场洪水给整个任丘乃至河北造成了怎样的破坏，但可以肯定的是，这场洪灾让原本就已经捉襟见肘的舒家，顿时陷入更加窘迫的状况之中。

家中缺衣少粮，全家人时常不能吃饱，舒成龙有时放学回家，远远地看到别的农家炊烟袅袅，而自己家中却是冷锅冷灶，心里特别酸楚。虽然内心很复杂，但舒成龙很少将这种情绪表露在脸上，因为他知道，这样母亲心里将会更加难受。

这种饥一顿饱一顿的状况，持续了一年多都没有明显的改善。尽管舒成龙还是在刻苦读书，却给他的内心带来了一些更深层次的思考。

在后来的几年中，舒成龙仍旧没有考取秀才。这无疑对舒成龙也是一种刺激。他内心备受煎熬，总觉得自己充满着激情与力量，肩负着重大的责任，但这股力量和激情却让他迷失了读书的方向。难道，书读不出来，就真的没有别的出路了么？

“读书以致用也。今屡试不售，穷乡株守，子职安在？”他在给父亲的书信中，愤然谈到了自己的困惑，也谈到了自己的理想与抱负：“男子汉大丈夫，连养家糊口的责任都承担不起，还谈什么要肩负起立身报国的重任！如今我科举不顺，可怎么能老待在贫穷的乡下安守故常，不思进取呢？”

父子间的书信，来往于京师和任丘之间。作为父亲的舒东峄，也越来越洞悉成龙的志向，他一边鼓励成龙继续学习、一边安抚他有些急躁的情绪。与此同时，他也在京师暗自活动了起来，任丘老乡在京城为官的不少，他也有着不错的人脉往来，他要竭尽自己之所能，给舒成龙谋求一条有着光明前途的新路来。

康熙五十八年（1719年），这个机会终于来临。经过父亲舒东峄的多方谋划和同乡的引荐，终于给舒成龙在京城谋得了一份差事。

这年春天，舒成龙再次作别族中父老乡亲，他将前往京师北京城，踏上人生新的征途。

第二章 王府十年

一、账房先生

北京东安门外帅府胡同，有一座气势恢宏而又略显森严的建筑。这里是康熙皇帝第十三皇子爱新觉罗·胤祥的府邸。

康熙五十八年（1719年），当20岁的舒成龙首次来到这里时，他的心里是紧张和不安的。这里不再是那个临近县城的小乡村，更不是闲适安宁的白洋淀。这里是天子脚下，皇家子弟的大院，是一座机遇与风险同在，而又随时都有可能成为风口浪尖的地方。

在来之前，舒成龙就对这位十三阿哥胤祥充满了好奇和钦佩。好奇的是这位十三阿哥的传奇经历，胤祥年少时就很受康熙皇帝的宠爱，康熙每次出巡，必将其带在身边。然而，在康熙四十七年（1708年）废太子一事后，这位十三阿哥却渐渐淡出了人们的视野，此后十余年，一直行事低调；钦佩的是十三阿哥在民间文韬武略的名望，在北京城这位阿哥是个有名的文武全才，不仅“诗文翰墨，皆工敏清新”，而且“精于骑射，发必命中，驰骤如飞”的名声在外，许多文人墨客说起这位阿哥时都是由衷的称赞。

带着这种情感的舒成龙，开始了他在阿哥府的新生活。

这个时候的舒成龙长得身材瘦长、容貌清秀，他的神情中透露出的忠厚和友善，让人很容易接近。他为人谦逊、对人礼貌，使人感觉他一点也不像是从小地方出来的子弟。作为一个刚来王府打工的小伙计，阿哥府的一切对于他来说都是新鲜的，他犹如从小池塘一跃而进入大江的鱼儿，现在想的就是在这片宽阔的大江中建功立业。

在阿哥府，舒成龙和其他几个伙计们同住在一间小屋里。每天清晨，舒成龙都很早起床。多年的勤学苦读，让他养成了良好的生活习惯，起床后，先把床铺整理整齐，然后主动去打扫院落，有时甚至连窗台都擦得一尘不染。他很注重生活细节，身上的衣裳虽然旧，却十分整洁。因为是初来乍到，分给舒成龙的工作并不算多，可他从来不让自己闲着，不仅做好自己分内的事，其他人有需要帮忙的地方，他不用招呼就会主动上前。空闲下来时，他就拿出以前的书来看看，偶尔还会在院子里锻炼下身体，打几套在深州学来的拳法。

这样的生活大约过了两三个月。

有一天，舒成龙被管家叫到身边，安排他到账房去学习历练。原来，府里的老管家在暗地里对他观察了一番后，觉得他为人正直，做事细致，是个可造之才。账房这个差事，在阿哥府里是很重要的，事情多而繁杂，却很能锻炼人。而且这个地方也不是一般人随便就能进来的。舒成龙有些感激地看着管家，他知道这是一个非常宝贵的机会。

在进账房之前，舒成龙并没有专门学习过记账、管账方面的知识，甚至连珠算也只是略懂皮毛。和在学堂里读书一样，舒成龙对于知识的学习是认真和勤奋的。他虚心向账房里的其他先生们学习，并主动要求做一些最累的活儿。

舒成龙毛笔字写得很好，这使得账房的老人们对他刮目相看，也让他很快进入角色。从最基础的抄账、记账入手，慢慢地和其他账房先生熟悉了，他就开始向他们学习一些理账方面的方法和技巧。

他做起事来一丝不苟，而且很善于抓住办事的时机和关键。有这样一件小事可以看出舒成龙的办事能力。账房管事安排舒成龙去收一笔欠账，在此之前，舒成龙很用心地了解到欠账人的一些经营情况。什么时候进货、什么时候发货、什么时候有回款，他都了解得比较细致。为了确保能把账收回来，他经过思考，选择了时机，特意选择在欠账人手头宽裕的时候登门拜访，没费多少口舌就把欠账给收了回来。

经过一段时间的学习和锻炼，舒成龙管起账来果然得心应手，算盘珠子一响，不作兴有个毫厘的差错，连个头发梢都不放过，做什么事情都是有条不紊，该管的事管得好，不该管的事管得巧。这让账房管事十分高兴，直对老管家说捡到了个宝。

此事后来逐渐传到了十三阿哥的耳中，为此，这位十三阿哥还专门把舒成龙叫去聊了一些家常。十三阿哥见他谈吐平实温和，回答问题有理有据，也有心栽培，于是开始留意起这个年轻的后生了。

有了账房稳定的工作，舒成龙的收入也逐渐增多起来，生活上不仅能够自给自足，还能帮助在石村老家的母亲和弟弟们了。他把一大部分的薪资托人交给家人，还在给弟弟的书信中寄语他们要好好读书，争取早日考取功名。

转眼间又到了年底。腊月里，阿哥府上上下下充满着喜庆的氛围，大家也都慢慢空闲了下来。老管家觉得舒成龙干得不错，还特意给他放了假，让离家不算太远的他回家过年。这让舒成龙特别高兴，他在返乡前特意去街上为长辈们买了礼物，给母亲扯了点布料，帮弟弟们带了些喜欢吃的蜜饯果子，一切准备好了，才兴高采烈地往家中赶去。

冬天的任丘，地冻冰封，银装素裹的白洋淀，恰似一幅巨大的明镜镶嵌在冀中的原野上。

舒成龙回到了家中，不仅母亲和几个弟弟过来嘘寒问暖，就连一些远房的亲戚，也过来打听他在北京的情况。舒成龙对待亲朋好友仍旧保持着一贯的热情，却在谈吐上很好地把握着分寸，一点也不夸大其词。虽然才大半年的光景，舒成龙比刚去北京时要壮实了许多，也沉稳了许多。

腊月三十那天晚上，舒成龙全家人其乐融融地围在炉火前包饺子，母亲还专门炖了舒成龙喜欢吃的炖鱼。晚饭过后，母亲带着弟弟们先睡了。舒成龙和父亲一直聊着天，迎接新年的到来。舒成龙告诉父亲，他在阿哥府的差事干得很顺心，也学到了不少的东西，但他并不满足，他想一边做好账房的工作，一边继续读书，考取功名。

听了舒成龙的想法，舒东峄似乎并不吃惊，不仅积极为儿子出谋划策，同时也提醒他做什么事都要脚踏实地。

和上次年三十父子俩的争吵不同，这次谈话是在愉快的氛围中结束的。末了，舒东峄站起身来，轻轻地拍了拍舒成龙的肩膀。舒成龙的谈吐，给了这位严父很大的欣慰，同时也感觉到，自己的儿子假以时日，必成大器。

快乐的时光总是短暂的。过完大年初六，舒成龙就又要回北京了。这是一个大雪纷飞的早上，舒成龙挎着包袱、一脚深一脚浅地走在雪地里。

快走出村口时，他回头望了望这片熟悉的土地，然后转过身去，坚定地迈步，踏向前方。

二、京师交友

舒成龙重返北京，比规定的假期提前了几天。家中虽然温暖，他的心却向往更广阔的京城。

回到阿哥府，舒成龙先给管家、账房管事等拜了年，又把事先准备的家乡特产分发给众人，然后就径自去账房理账和看书。春节刚过，账房也没太多的事，倒也算清闲。

这天，老管家过来，让他准备一下，一起去给十三阿哥请安。舒成龙连忙放下手中的书，整理了下衣衫，就跟着走了过去。随着管家走进书房时，十三阿哥正坐在羊毛毯上，斜靠着软垫看书。见到舒成龙进来，十三阿哥把书轻轻地合上，放在桌子上，让他坐在旁边喝茶。和上次的交谈不同，十三阿哥很详细地问了一些账房的事。舒成龙对答如流，管家也在一旁极力称赞，十三阿哥点头默许，还特别嘱咐他要多学习、多锻炼。

在阿哥府，舒成龙逐渐干得风生水起。他遇事勤快，腿脚灵便，有智谋、有胆识，对于管事的命令总能很好地领会和执行。遇到困难也是勇往直前，将事情办得干净利落。而每次获得的奖赏，他总说是大家的功劳，平分给大家。慢慢地，舒成龙在阿哥府里有了一定的声望。连管家也把他视作心腹，经常与他商定一些主意。

不仅如此，舒成龙正直、仗义的性格在外面也很受欢迎。除了阿哥府的伙计，他的朋友圈也越来越广。

朋友董生，在京城开着几家商铺。舒成龙和董生在生意上有很多往来，彼此都觉得率直可交，便成了朋友。一次，董生喜得贵子，邀请舒成龙参加孩子的满月酒。舒成龙得到消息时，正在郊外清查一笔账务。为了不让朋友失望，舒成龙特意提前处理好事情，风尘仆仆地往回赶了几十里路，如约而至。

舒成龙不仅懂得在朋友荣耀时锦上添花，更懂得在朋友困难时雪中送炭。对他而言，真心待友、与人为善是一种美德。

一个名叫方瑞的年轻人，是在穷困潦倒时认识舒成龙的。方瑞来自河间府，也是读书人，因为科举不顺，来北京谋生。没曾想，在北京城待了大半年却依旧漂泊。刚开始还零零散散打些短工，最后连短工也丢了，流浪街头饥一餐饱一餐的。遇见舒成龙时，方瑞正窘迫地在饭馆门前捡些剩菜，被店伙计驱逐。舒成龙看他也是个读书人，就上前打抱不平。随后又把他带到餐馆，边吃边聊，一见如故。舒成龙欣赏方瑞的孝顺和勇气，但不赞成他仅凭一腔热血，就来北京闯荡，建议他脚踏实地先学习一些谋生技能，还给了他一定的资助，帮他找了个谋生之所。

还有一位姓何的朋友，家境原本殷实，却染上了赌博的恶习。眼看着家业一天天荒废，舒成龙主动找到这位朋友，苦口规劝。朋友知道舒成龙是为自己好，当时听了进去，可没过几天赌瘾又犯了，继续混迹于赌场，结果输了不少钱，还欠了赌场的债，被扣在赌场几天几夜不能回家。舒成龙知道后，凑了银子从赌场中把朋友解救出来，对他大声说道："沉溺于赌，纵然不计是非对错，也应当审视利害。你为什么要把你的聪明才智用在这种无用的地方呢？再不悔改，亲友也不会理你，还有何面目立于人世！"说完后，舒成龙拂袖而走。这件事对何某触动很大。后来，何某找到舒成龙坦诚地道歉，改掉了赌博的恶习。

舒成龙乐于助人，同样，朋友们也乐于帮助舒成龙。

康熙六十年（1721年），22岁的舒成龙在朋友的帮忙下，通过“捐纳”而取得了监生资格，如愿以偿进入到国子监，成为一名“例监生”。

监生是国子监的学生，等于秀才，监生是可以用钱捐到的，凡依照惯例规定，缴纳一定数额的钱给朝廷，就可以成为“例监生”。

监生与科举、荐举同为入仕做官的重要途径之一，只要能认真苦读，按期肄业，就可以被挑选做官，所以成为监生也是一件值得祝贺的事。入国子监读书，是舒成龙人生转折的一件大事。此后几年，他一边在王府做工，一边到国子监读书。

康熙王朝的统治到1722年已逐渐接近尾声。北京城发生了很大的变化，它变成了皇权斗争的中心。社会天翻地覆，两种皇族势力之间将有风暴，尽管舒成龙不曾置身于斗争的旋涡之中，却仍然感受到北京城里充满着不安分的因子。

风暴来得快，去得也快。皇位之争以胤禩为首的八爷党败走和以胤禛为首的四爷党上台而结束。康熙近臣步军统领隆科多宣布康熙遗嘱，命胤禛继承皇位，是为雍正皇帝。

雍正帝的上台，也使之前一直低调行事的十三阿哥的命运发生了巨大的变化。作为雍正皇帝最为器重的臣弟，先是胤祥被封为和硕怡亲王，又出任议政大臣，处理重要政务。雍正元年，又命胤祥总理户部。

在这种大气候下，作为阿哥府里的青年才俊，舒成龙的身上也悄然发生着某种变化。阿谀奉承的人不少，刻意巴结的人更多，对于这些，舒成龙时刻保持着清醒的头脑，对于本职工作更加尽心尽力，不敢有丝毫的懈怠。

雍正元年（1723年），24岁的舒成龙已在京城待了四个年头，国子监例监生也两年期满。这年年初，外祖父边缦卿来到京城，这位深州的老训导，来京公干还念念不忘外孙的前程。舒成龙前去探望，并如实汇报了近几年在王府做事和在国子监求学的经历，深得边缦卿的赞赏。当听到舒成龙说，在个人前程上还没有做好打算时，老头子则严肃地教导他说："你的祖父完白公当年登进士第，因双亲年老未能入仕。你有从政的才能，当作立足官场、光宗耀祖的宏伟考虑。"随后，边缦卿语重心长地指点他说："王府虽好，终非显扬之途啊！"

舒成龙沉默了半晌，心中的答案越发的清晰了起来。

同年七月，舒成龙以国子监生身份参加了选授官职的考试，取得"州同"资格。州同，这一官职，为知州的副职，从六品，正应了"宰相门前七品官"这句俗语。

取得了"州同"资格，只是舒成龙迈入官场的一个门槛。按当时规定，还要经过到衙门行走（实习）、议叙、题补、实授等几个阶段。要真正展示自己为官一任、造福一方的远大抱负，舒成龙还有一段很长的路要走。

三、才逢名主

十三阿哥胤祥被任命为四位总理事务大臣之一，并被赐封怡亲王，成为雍正治理天下中流砥柱的人物。

胤祥上任后针对前朝财政积弊，清理天下赋税。过去遗留的旧案，由于数量颇大，胤祥打破以往常规，采取规定限期和奖励勤勉相结合的办法，将几千宗旧案都理出头绪。

当时朝廷新设会考府，专门负责审核财政出纳，办理清查亏空、收缴积欠的事务。胤祥尽职尽责，认真办理，同时又查出户部亏空银250万两。经奏请皇上，针对不同人群的不同情况，采取针对性的办法。对于一些情节严重者直接查抄；比较严重者，则把亏空官员的职位冻结；情节较轻者，“如限内交完，伊等应升之缺听其升转”，以类似于分期付款的方法逐年减扣官员奖金等方式分别加以解决。

这位十三阿哥对一些与造成财政亏空有直接关系的王公亲贵也毫不容情，连履郡王胤祹等人都被勒令变卖家产清还亏欠。正是凭着这种不徇情姑息的认真态度，胤祥才较好地贯彻了雍正皇帝的旨意，使亏补欠还、整顿财政取得了显著的成效。

雍正皇帝对胤祥评价很高。虽然备受倚重，但胤祥却谨恪有加，竭心辅佐。一个王朝的更替、发展和壮大，需要有更多新鲜的血液融入。胤祥为国举贤，向雍正皇帝推荐了一些优秀人才，以及很多年轻位卑的官员。随着胤祥受到重用，怡亲王府也在发生着巨大的变化。王府里很多能干的人，都有了施展才能的地方。

舒成龙德才兼备、办事干练，这一切，怡亲王胤祥自然看在眼里。于是，经过慎重考虑，怡亲王决定将王府内外之事“尽委之经营”。

北京初春的阳光照射在王府幽深的庭院，花园里百花待放。此时，舒成龙严肃而认真地接受了这一重任。他心里既充满了感激，又充满着向往。如果说他将自己比喻为一匹正在接受锻炼的千里马，那么怡亲王就是那个懂得识人用人的伯乐。

有了更为广阔的平台，舒成龙的才能得到了更为全面的展示。他做事主动，注重实效，又有自己独到的见解。王爷交代的事情，他既懂得按程序执行，又善于根据实际形势加入自己的思考和判断，总是能够高效地完成任务。对于新鲜事物，舒成龙勤于学习、悟性极高，不仅理解透彻，而且反应又快。

那时，戴西洋眼镜之风在北京城兴起，就连雍正皇帝的书房里都有好多副。雍正皇帝对眼镜抱有浓厚的兴趣，他不但命人画自己头戴西洋假发、身着洋服的画像，而且他平日里还时常戴着西洋眼镜。据清史专家鞠德源先生考证，雍正所用的眼镜多种多样：有上车戴的眼镜、安铜钩水晶眼镜、安别簪水晶眼镜、上节骨头下节钢钩眼镜、牛角钩茶晶眼镜、牛角簪水晶眼镜、玳瑁圈茶晶眼镜、整梁别簪近视茶晶眼镜，有40岁水晶眼镜、50岁水晶眼镜、60岁水晶眼镜，等等。

舒成龙敏锐地感觉到这是一个很大的商机，他征得王爷的许可后，立即派专人联系采购眼镜。因为时机抓得好，采购回来的西洋眼镜，一时间成为北京城热销的商品，达官贵人们都争相购买，以佩戴此物为时尚。由此可见舒成龙很强的商业眼光。

舒成龙还展现出知人善用的特点，他待人诚恳，虚心听取他人的意见，给下属分配了任务，就放手让他们去做，让他们发挥自己的才能，达到事半功倍的效果。一位姓张的账房观察到某街市一些店铺有心转让，觉得这是一个置业的良好时机，向舒成龙提出买一部分店铺用于经营。舒成龙经过详细调查后，果断拍板同意。然后专门让这位张姓账房负责店铺买卖事宜。果然，此后不久那片区域地价连续飞涨，又帮王府赚得盆钵满盈。

短短一年多时间，舒成龙就把王府在京城的大小产业管理得井井有条，而且还在不断扩大营生，壮大发展。

雍正二年（1724年）秋天，把王府的诸多事情理顺后，舒成龙抽空回了一趟任丘老家。这几年，他和父亲舒东峄多数日子都在北京，与家人聚少离多。任丘老宅多年未曾修葺、日趋凋敝，加上家中人丁日多，几个弟弟逐渐长大，舒成龙索性在县城东南二十里的麻家坞村又购置了一块地产，有房屋数十间，将全家都搬移到了这里。

有了新居，舒成龙父母命他趁此良时完婚。那时的婚姻都是父母之命，媒妁之言。作为家中长子的舒成龙已经25岁，在当时已属大龄青年了。

于是，这次回家探亲，倒是促成了舒成龙的婚姻大事。妻子是本县知名处士（有才学而隐居不做官的人）许有恒家的闺女，这位许小姐不仅生得漂亮，性格也是温婉贤惠，郎才女貌，两家结成秦晋之好，在任丘当地也被传为一段佳话。

新婚甜蜜的日子太过短暂。过完年，舒成龙又将奔赴京城，而妻子只能暂时留在任丘老家。离别总是伤感的，但许小姐在精神上给舒成龙注以新的活力，促使他有了新的奋斗动力。

舒成龙回到王府没多久，被王爷委以要务，派去安徽芜湖公干。芜湖县令于泓，是舒成龙的同乡，比较了解舒成龙的为人，十分欣赏他的才干。舒成龙一到芜湖，于泓就把他请进县署中住下。

在舒成龙公干期间，于泓多次和舒成龙探讨，和他交流县内的政务、谈论民生民情。

芜湖百姓对当地赋税不清的问题强烈不满，舒成龙受于泓之托，只身到百姓之中探访，了解老百姓的心声和疾苦。他还专门收集和记录了当地某些地方官员不作为、乱作为的劣迹，并针对性地说出自己解决问题的建议。每次和于泓交流，舒成龙都会知无不言，言无不尽，这些方法被于泓采用，往往行之有效。

为此，于泓多次提出让舒成龙在芜湖多待些时日，协助料理衙门事务。舒成龙修书请示怡亲王，说明事情经过，得到了王爷的同意。

在芜湖的这段日子里，舒成龙除了认真完成怡亲王交办的差事，还尽心辅佐于泓在芜湖整顿吏治、大力惩恶扬善。在芜湖的历练，让舒成龙更多地了解民间实际情况，并为此积累了丰富的管理经验。经过半年多时间的整治，芜湖一派政通人和。舒成龙这才向于泓辞别，动身返回王府。

舒成龙从白洋淀边一个封闭的乡村中走出来，现在竟然能够在偌大的北京城，在位高权重的王爷府担当起如此重要的角色。“古来经济才，何事独罕有”。儒家为学的思想曾在当时强烈地影响着他。在这思想形成的年代，成为“经济之才”，是他的理想追求。

舒成龙丝毫不敢懈怠，而是以更加激奋的心态，不断追求着更高的目标，他要以此来报答怡亲王的知遇之恩。

四、忠义实干

回到王府之后，舒成龙又被委以重任，跟随怡亲王去直隶公干。据《皇朝文献通考》记载，雍正三年（1725年），怡亲王胤祥奉旨勘查直隶水利。

治河患、兴水利，是历代皇帝都十分重视的国家大计之一。这年冬天，怡亲王胤祥总理水利营田事务。

“水害不去，则田非吾田，尚何营？”胤祥治理水害决心很大。面对艰辛烦劳之事，胤祥总是身先士卒，亲自勘查，不辞辛劳，不畏烦琐，甚至三个月间来回奔波于数千里之地。舒成龙跟随王爷身边勤勤恳恳。

勘查水利之事，并不为舒成龙所擅长，而且事情推进也很艰难，有时候付出很大努力却没有任何结果。但是，舒成龙却时常保持着乐观的态度。他经常深入实地调查，吃住在平民百姓家中，每到一个地方，都会详细了解当地水利建设的实际情况；他也时常废寝忘食、不惮劳苦，认真查堤坝、看闸口，勤做记录。

怡亲王专门上奏雍正皇帝，设立了营田水利府，将直隶诸河分为四局管辖。经过一冬春的实地勘查，从疏通河道，筑堤置闸，开引河，开挖入海直河到区域田土疆界，开挖沟渠等，舒成龙都跟随怡亲王身边。他还数次陪胤祥到治水一线，亲临指导修河造田。水患渐渐平息，在恢复生产时，怡亲王采取辟荒地数千里，募民耕种，聘请南方农民教种水稻的策略，在一年后初见成效，水患的损失相对减少。

怡亲王因治理京畿水利有功，被皇帝赐御书“忠敬诚直，勤慎廉明”。就在事情稍有起色时，原本身体就不太好的怡亲王竟突发疾病，脸色焦黄，昏睡不醒。亲王身边随从请来大夫诊断，系过于劳累引发旧疾复发，需要静养一段时间。

王爷养病期间，舒成龙对于之前安排的事情，仍然尽心尽责。按照怡亲王之前的要求，他坚定不移地执行。舒成龙这种务实的态度，让工作进展稳中有序。病愈后的怡亲王多次对舒成龙的能力进行褒奖，夸他是“忠义、实干之士”。

时间一晃而过，等直隶之行结束，大半年时间已经过去。雍正四年（1726年）春，当舒成龙重新回到京师时，整个人瘦了一圈。他甚至已经有近一年时间没有回过任丘老家了，和妻子许氏也只是通过寥寥几封家书，缓解两地相思之苦。

回到王府，怡亲王不止一次找来舒成龙长谈。王爷觉得舒成龙才能出众，打算向朝廷推荐，让他入仕为官。王爷的厚爱，让舒成龙产生了比较矛盾的心里。一方面，他知恩图报，想着王爷的知遇之恩，还想继续留在王府效力；另一方面，他独立持重，也想能够出仕入官、一展宏图。

良机很快就到来了。雍正五年（1727年）二月，舒成龙在京师迎来了三年一次的会试。会试考三场、每场三天。这次会试的司考官顺天学政吴襄，也是舒成龙的老熟人。

按理说，既然有这么过硬的关系，又背靠着怡亲王这棵大树，主动去找找主考官、通通门路，多少也会得到一点关照。可舒成龙却没有半点去走门路的打算，在他看来，这种“走后门”的歪风，不仅为自己所不耻，而且也会给王爷府抹黑。

不递门帖、不走后门，舒成龙没有在自己的事情上花心思，却把工夫花在了救济贫困乡亲的身上。会试临近，一些从老家任丘赴京赶考的寒门学子，因为寻找住宿的地方犯了难，住的太远不方便、近处的客栈价格又不菲。舒成龙得知后，主动托人在京专门租了一个小院作为旅舍之用，供前来赶考的贫困学子免费住宿。消息一传开，任丘当地很多人都交口称赞。这个举动，还引发了舒成龙后来倡议在北京兴建“河间会馆”，为在京的同乡们做了一件大实事。

会试结束后，就连吴襄都有些纳闷，这个平时经常走动的小兄弟，会试这段时间怎么像石沉大海一样，既见不到人，又没有一封书信。后来，吴襄专门找到舒成龙才明白其中的原委。吴襄感叹地说道：“以前知道舒成龙为人正直、忠厚，没想到面对人生中最重要的事，都能如此保持操守、言行如一，当真品格高洁。”面对吴襄的夸奖，舒成龙很诚恳地表示：“应避嫌时需避嫌，不可不谨慎为之。”

过了一段时间，会试放榜，舒成龙还是遗憾地没有被录取。

虽然没考中，舒成龙仍然有强有力的支持者。舒成龙落第后的第二年，即雍正六年（1728年），怡亲王把他叫到自己跟前，对他说："通过这十来年的观察，本王认为你再继续待在王府，实在埋没了你的才干，想向朝廷举荐。看看你想去什么地方入仕为官，大胆地对本王讲！"

舒成龙听完王爷的话，急忙回禀说："王爷！不可，不可。职任大事，肩荷重负，必先考量自己的承受能力。王爷盛意举荐，本是一番美意，如若我不能胜任，没有优良的业绩，事业不能成就，这不仅仅是我一生的羞耻，而且累及王爷知人之明。还是让我凭自己的能力去争取吧。王爷的美意今生不忘！"面对王爷的好意，舒成龙执意不肯接受，怡亲王见他志向如此，也只好先将举荐一事搁置一旁。

尽管在科举中再次受挫，但王爷的信任给予了舒成龙莫大的动力。通过王爷的引荐，舒成龙甚至和当朝有名的大文人方苞成了忘年交。当时，年过花甲的方苞系武英殿修书处总裁，名声极大。和对待其他人不同，方苞特别看重这个年轻后生的稳重与忠义，经常与舒成龙交往，促膝相谈。方苞曾告诉舒成龙说："你为人忠信果敢，日后入官，必能超越世俗之辈。我个人对你寄有厚望啊！"舒成龙谦让，说自己"不才"。他从心底非常感谢这位长辈的教导，牢记在心。

与方苞的交往，对舒成龙一生影响很大。他后来不止一次在下属面前提到："方苞先生的思想、品格、学识、气质、文章皆是典范。"在他以后的从政生涯中，也时时告诫自己要始终保持当初的信念、以诚待人，唯恐辜负了方苞老前辈的厚望。

第三章 授官荆楚

一、泪别王府

在怡亲王府，舒成龙尽情地展示着自己的才华。怡亲王在北京的产业虽然不多，却被舒成龙经营得有声有色。他以北京城为中心，在城中和周边县州购买了一些地产。买时不算贵，所带来的回报却很丰富。这些收入成为王府主要的经济支柱，有效地供给着王府的日常开支。

舒成龙一方面在王府尽心尽责地做事，另一方面也十分关心家中的境况。他觉得乡间虽然宁静却太过偏僻，学校和师资力量都跟不上，怕耽误了弟弟们的学业，于是多次向父亲建议，再次将家搬到任丘县城内。他了解到堂兄舒槛去世后，家中只有嫂嫂顾氏独自抚养幼儿，生活贫苦，便经常资助其家用，并供养幼侄雯汉读书。对于族中的一些孤寡老人，舒成龙也经常用自己的薪资来接济他们，他专门购买了一部分田地作为义田，请人代为耕种，使老人们的生活有所保障。

雍正七年（1729年），王府里的一切似乎都是那么忙忙碌碌，而怡亲王的病却在一天天加重。舒成龙只要有空，都会去给怡亲王请安。怡亲王原本就有旧疾，身子虚弱。加上又操心劳累朝廷的事，身体越发吃不消。从这年九月开始，疼痛得不能下地。雍正皇帝遣太医来看，竟然也束手无策。

舒成龙看在眼里，急在心里。他也在周边遍寻良医，大夫请了很多，可对于王爷的病却收效甚微。转眼间到了深秋，一日，怡亲王突然提出要住进海淀西大街北口附近的清梵寺中，说是便于静心养病。听王爷这样说，舒成龙隐约有种不好的感觉，心里顿时沉甸甸的。

怡亲王临行前再次招来舒成龙，告知已将他举荐到户部营田司，不许他再推脱，并希望舒成龙能够保持克己奉公，继续为国效力。舒成龙一边聆听王爷的教诲，一边偷偷抹着眼泪，他半天说不出话来，心里宛如明镜一般，病重的怡亲王还记着这事，这是对自己的关照和厚爱啊。

过了十一月，北京的冬天说来就来。这天下午，天阴沉得厉害，苍茫的穹窿下，银白色的雪粒一阵阵洒落下来。舒成龙外出办事归来，正好撞见王爷身边的侍卫回府办事。当他听说王爷在病中又将“军国重务”带回料理，熬到深夜才睡时，舒成龙急得冒着大雪，赶去寺中探望王爷。

当天下午，王爷只是和舒成龙匆匆见了一面就忙于公事。望着王爷的背影，舒成龙久久不肯离去。他的脑海中浮现出一幕幕曾经和王爷相处的画面：“跟随王爷管理官兵、去云南督办盐务，亲自勘探河道、安排河工，清查福建等地国库亏空……”

令舒成龙没想到的是，这严冬里的匆匆一面竟然成了自己与王爷的永别。

几个月后，在雍正八年（1730年）的初夏时节，怡亲王病故，时年45岁。

听闻此噩耗的舒成龙，心如刀割，觉得一阵天昏地暗。过了半晌，他才缓过神来。王爷去世的消息已经传遍王府上上下下，府里哭声震天动地，舒成龙虽然内心悲痛，却暗自告诉自己，这时候千万不能乱了分寸。舒成龙即刻吩咐家丁们披麻戴孝，开始布置府中的各项善后事务。

当怡亲王的遗体运回府中时，一场滂沱大雨从京城上空倾泻而下。王府里百十个家丁冒着大雨跪在道路两旁，迎接王爷的归来。王爷的丧事办得很隆重，按照宫廷规矩，不仅有很多仪式，还请来了僧、道唪经、礼忏、燃灯、施食，为亡人做些“身后功德”。那些天，舒成龙彻夜未眠，一直陪着王府家人为王爷守灵，人也消瘦了很多。

舒成龙扎扎实实为王爷守了三个月的孝。这三个月，就连外人都一眼看得出舒成龙脸上的悲伤。父亲舒东峄来看望成龙，不忍见他因悲伤而萎靡，斥责他：“男子汉大丈夫，理当化悲痛为力量，这样才是贤德之士，才对得起王爷的栽培。”一句话惊醒梦中人，父亲的教导说得舒成龙为之一动。舒成龙暗自下定决心，“定当为国效力，不负王爷之命”。

就这样又过了小半年。直到雍正九年（1731年）春，舒成龙才噙着泪水依依不舍地和王府众人道别。随后，他按照怡亲王临终前的吩咐，去户部营田司报到。

营田是官田的一种，募人耕种，量收租利。一般分为军垦和民垦两种，旨在取得军饷和税粮。营田司的事情，对于总管过王府产业的舒成龙来说，可谓是驾轻就熟。没过几个月，吏部“议叙”官职，舒成龙被授以“知州”用，归到户部听候选授官职。

清朝制度对考绩优异的官员，交吏部核议，奏请给予加级、纪录等奖励，谓之“议叙”。

据《清会典·吏部》记载，议叙制度是清朝统治者对各级官吏实施的一种奖惩和考核制度，规定了明确的职责权限、严格细密的奖惩条款，优者议叙，劣者处分，旨在加强控制管理。

对官员的通常奖赏叫作“议叙”，分“纪录”和“加级”两种，各有三等。官员得到议叙，遇有升迁可随带以示荣誉，若因过受降级、罚俸处分时，可以用本人所得之“加级、纪录”抵销。所以，在清代文献中，常见有某某官员加若干级、纪录若干次的记载。

由上可知，纪录和加级都是用于议叙官员的，有具体政绩才能纪录，有纪录才能加级，有纪录、加级才能加衔。舒成龙有幸被列入议叙，又以知州用，这个“知州”官品为从五品，可见舒成龙进步之快。

二、兵部历练

在营田司待了一个多月，朝廷发布新令，让候选人员到各部学习部务，舒成龙又被分到了兵部的车驾司行走。在清朝，行走一词相当于入职办事，凡不属于专设官职，调充某项职役的都用此称。

兵部的车驾司掌管着驿站和军马，是个颇为重要的差事。尤其在雍正王朝，皇帝着意于蓄马，特别是对军马尤为看重，选用的都是名种好马，蒙古马、西域马、川马、滇马，都吩咐车驾司小心饲养。

舒成龙在王府见过不少好马，但对养马的知识却知之甚少。为了搞懂马的习性和生活规律，他不仅经常待在马厩里和马接触，而且多次带着问题去找王府里的马夫请教。这样过了一年半载，舒成龙居然成了懂马的行家。

京城里朋友聚会，大家以前是喝酒、吟诗、作对子。后来，舒成龙居然要求加了一项“品马”的游戏。朋友们都笑称他如同《西游记》里的孙猴子，干了个“弼马瘟”的差事，他却不以为然，反倒津津乐道地大谈起马来。

在车驾司历练了半年，舒成龙已深谙其中的管理之道，从一开始他就非常注重管理纪律和马匹训练。管理人员，纪律散漫将成乌合之众；作为军马，没有好的训练就难有坚强的战斗力。

舒成龙纪律严明，在马夫中威信很高。他主动参与到饲养马匹的事务中来，不怕脏不嫌累，很快和马夫们打成一片。一位姓罗的马夫向舒成龙建议：“蒙古马性子烈、滇马耐力足，其生活习性不同，喂养方式也大为不同。”

舒成龙采用罗姓马夫的建议，将不同种类的马分开到不同的马厩喂养。

另一位马夫告诉舒成龙有种草药，搭配在饲料中给马匹喂食，可以使马的毛发光泽。舒成龙根据其所说的方法，进行小范围实验，发觉此方法虽然可行，却容易导致马匹腹泻或绞痛，让马匹紧绷且难以乘骑，于是果断放弃了这种喂养方式。

对马匹的潜心研究，让舒成龙受益匪浅。第二年秋天，兵部组织车驾司搞了次军马演练。各位主官纷纷挑选所管辖的马匹进行比试，既比速度，又比耐力，还比技巧。舒成龙选用自己喂养的马匹，在比赛中连续三项都名列前三，给前来视察的内阁首辅鄂尔泰留下了深刻的印象。

就在舒成龙乐此不疲地研究如何更好地喂养军马时，一纸调令下来，舒成龙又被兵部调到京郊，负责巡检多个驿站和驿臣。驿站在我国古代运输体系中有着非常重要的地位和作用，在通信手段十分原始的情况下，它担负着政治、经济、文化、军事等方方面面的信息传递任务。

舒成龙首先选择去距离京城数百里、一个较为偏僻的驿站进行驻点，这个驿站是边关信息传达到京城的必经之路。来到驿站后，舒成龙悉心熟悉驿站的管理方法，遇到问题和不明白的地方就用纸笔记录下来。经过半年的熟悉，舒成龙开始按照自己思路对驿站的不足进行完善。他先是逐步改善驿站的基础设施，平整了进出驿站的道路，种上花草树木来美化驿站内部的环境。看到驿站的马厩简陋不堪，连遮风避雨的棚子都没有，他就专门请人修建了饲养马匹的马棚，并按照当地风俗习惯，修建了用来给人们供奉的马王庙。

不仅如此，舒成龙还对驿站的规章制度，进行了有效的优化。让过往官员既能按规定入住，手续也不至于太过繁杂。这样一来，给入住驿站的官员带来了不少的便利。

雍正十一年（1733年），34岁的舒成龙已在兵部待了两年。在兵部这段时间，他的才能再次得到顶头上司鄂尔泰的赏识。

“忠厚老诚而略无才具者，可信而不可用，聪明才智而动出范围者，可用而不可信……但能济事，俱属可用，虽小人亦当惜之，教之。但不能济事，俱属无用，即善人亦当移之。”鄂尔泰是雍正王朝实干派的代表，讲究用人用当其可，“用违其才，虽能者亦难以自效，虽贤者抑或致误公；用当其可，即中人亦可以有为，即小人亦每能济事。因才、因地、因事、因时，必官无弃人，斯政无废事”。

在鄂尔泰眼中，舒成龙不仅可信而且可用，甚至对舒成龙给出了“居心诚笃，办事老练”的评价。

舒成龙的仕途一马平川，可他的家庭生活却遭遇了窘境。自

1724年成婚到1734年十年时间，舒成龙仍无子嗣。这可急坏了舒家人。不孝有三，无后为大。作为家中长子的舒成龙，不能替舒家延续子嗣，也承受着不小的压力。

这年春天，父亲舒东峄做主，让舒成龙聘娶京郊大兴县姜士龙之女为副室。

雍正十二年（1734年）春二月，舒成龙在兵部学习期满。吏部拣选后召见他，然后经过“引见”，即引导入见皇帝，京官五品以下，外官四品以下，凡初授官、京察升调、保举、学习期满留用等，文官由吏部的大臣引见皇帝，并以职名送鸿胪寺，定期传示带领谢恩。

不久，舒成龙拟被拣发派往湖北，以知州资格等待任命实职。舒成龙终于迎来了他大展拳脚的时候。

三、湖北为官

去湖北为官前，舒成龙特意回了趟任丘老家。

父母年纪都大了，他想把双亲一起接去湖北奉养。在家中，舒成龙说了自己的想法，可父母亲却怕耽误他的前程，没有答应。

舒成龙再三相劝，父亲舒东峄知道他一片孝心，宽慰说：“汝受爵朝廷，勉为清白吏，以图报称，忠君即以孝亲，何必沾沾就养乎！且汝弟环侍，汝亦可无忧。”

意思很明确，你受朝廷爵禄，当努力做一名清白官吏，用以图报君主。忠君便是孝亲，何必拘执于接我们侍养呢？况且你的弟弟们在家中围绕陪侍，你应该可以无后顾之忧了，好好报效国家吧。见父母执意不去，舒成龙又在家侍奉了几日，才轻装上路。

沿着陆路一路南下，舒成龙踌躇满志。三月里，正是春意盎然的季节，他却无意观赏旖旎的风光。任丘和武昌相隔有数千里，路途虽遥，舒成龙却步履轻快。

十多年的王府生涯，舒成龙广交了不少朋友，这次朋友们听说他要去湖北任职，纷纷主动赶来相聚。朋友们的盛情难却，使舒成龙的脚步也逐渐慢了下来。一方面要赶着去湖北赴任，另一方面朋友的情面也要照顾，这让舒成龙多少有些为难。不过，他很快就找到了解决之法。进入河南境内，他由陆路改走水道。这样既避免了朋友邀请相聚的尴尬，也不会因为行程缓慢而耽误上任。况且，一叶扁舟赴武昌，倒也别有一番风趣。

“十里帆樯依市立，万家灯火彻夜明。”五月时节，舒成龙终于到达江城武昌，眼前是另外一番繁华的景象。他一边整了整衣衫，一边走下船头，去总督府报到。

湖广总督迈柱的官衙，紧傍风景秀丽的蛇山。舒成龙去报到时，总督迈柱因公外出，不在府内。原来，位于湖北西南部的土司田氏欺压土民，作恶多端，引发土民反抗。此事影响很大，清政府下令捉拿土司问罪，此时，迈柱正赶赴鹤峰督办此事。

在武昌安顿下来后，舒成龙并没有闲着。他一边拜会老友，一边了解湖北的风土人情。地处中原地带的武昌，气候已经接近南方，这和北京城、和他的家乡任丘有着诸多的不同。舒成龙以前一直居住和生活在北方，气温差别、口音相异、饮食不同等生活方式上的差异让舒成龙多少有点不适应。然而，这些不同反倒更加激发了舒成龙了解这座城市的兴趣。

历来被称为“九省通衢”之地的武昌是繁华的，经过一段时间的了解，舒成龙似乎更沉湎于这座城市细微的事物。长江边的景象很美，但和白洋淀的风光截然不同。于是，他经常奔波在武昌的大街小巷，或穿梭于市井人流之间，身着一袭长衫，穿一双布鞋，他炯炯有神的眼睛，似乎不愿意放过任何一件感兴趣的事情。

过了不久，舒成龙就喜欢上了江城悠久的历史和文化。他喜欢漫步在长江边，欣赏波澜壮阔的江面，这容易让他想起当年跟随怡亲王一起治理水患的日子。在龟山、在鹦鹉洲，他尽情抒发着自己的才情，游览千年古刹归元寺、登上黄鹤楼，他动情地吟诵起唐宋诗人的名句。这些经历，让他暂时忘却了时间，迷恋于诗词和古老的传统，流连于山水之间。

那年夏天，舒成龙游览的范围已不局限于武昌城内，汉口、汉阳乃至邻近的江夏、应城等地都留下了他的足迹。

在几个月的观察中，舒成龙已经对湖北的民风有了比较细致的了解。湖北官场上的一些信息也逐渐传到他的耳中："湖北省内候补官员比较多，很多人都等着补实缺。总督迈柱喜好兰花，一些官员投其所好，专送名贵兰花给迈柱，想通过找关系走后门尽快补缺。"虽然人云亦云很多，舒成龙却不为所动，有朋友和总督府里的幕僚相熟，向舒成龙提议也走走门路，被他婉言谢绝了。

尽管面上不动声色，舒成龙却仍旧密切关注着湖北官场的一些变化。他多次主动去总督府拜访迈柱，请教为官勤政之道，却很少主动提及要求尽快补缺之事。迈柱见舒成龙气宇轩昂，交谈时思路清晰、谈吐儒雅，再加上他在王府、吏部和兵部丰富的履历和很好的评价，心中已经有了数。

时间一晃又到了九月。在足足等待了四个月之后，舒成龙才被题补为谷城县知县。

题补，意谓题奏补授职务，是清朝时期的一种官员推举政策，指有关机构有官缺时，长官于应补或应升此缺人员中拣选，奏请补授。以知州资格，题补为知县，资格和职务是不相称的，只能说是“借补”。

谷城县位于湖北省西北部，汉江中游西岸。南倚荆山，西偎武当，东临汉水，南北二河夹县城东流汉江，西北、西南三面群山环抱，因物产丰盛，素有“银谷城”之称。隋、唐、宋、元、明、清先后隶属南阳郡、襄阳郡管辖。西汉时，谷城为丞相萧何的封地。明初，永乐皇帝巡历谷城时，曾钦命少林高僧觉成重修承恩寺。谷城历史文化源远流长，境内中原文化、楚文化、巴蜀文化交会，道教、佛教共存，形成了多元的文化特质。

别人对于以知州降格候补知县之职多少有些不满意，但舒成龙却并不这么认为。祖父舒瑜当年由进士选授官职，就是谷城县令，后来祖父秉承先祖之志，以教育舒家子弟为己任，婉辞官职、开办义学，才没有去谷城赴任。如今，自己初到湖北为官，竟然也是被分到谷城，如此的机缘巧合令他很满足。

在现实生活中，有时机缘确实会造成一些巧合。但是当地人不这样认为，很快，传言如同闻到了香味的蜜蜂，倏然发散，在当地被传为一段佳话。大家更相信舒成龙来谷城为官，正合天意，是来履行他祖父未竟的事业。

四、谷城县令

从武昌到谷城，路途有七百多里，舒成龙接到任命后便即刻启程。他从汉口乘船沿江而上，要比步行快上许多。

一路上风和日丽，同船的船客大都站在舱外看风景。舒成龙找了一处靠近船头的甲板凭栏远眺，心里却在不断思索着此去谷城，该做些什么？如何做？

船上其他人，倒没有舒成龙那么多心事。一个约莫五六岁的小男孩，指着江上来来往往的木船，直嚷着向父亲问这问那。男孩的父亲大概也是经常坐船，居然大多都懂。“尖头楸子、平头楸子、摆江、划子、驳船、襄扁子、麻瓢子……”一大串船名从那位父亲口中说出来，就连从小在水边长大的舒成龙也觉得有趣。

船行多日，一船人逐渐熟悉了起来，话题也多了。

船上有一些谷城的商户，舒成龙便向他们打听起城里的情况来，由此对谷城也有了一些初步的了解：谷城三水环绕，汉江、南河和北河为这座小城带来了生机和活力。谷城和汉口的水运比较成熟、商品众多，由汉水运输下行，到汉口为终点。下水运输多是火纸、木耳、药材、柚油、烟叶、生漆、香油、棉花等土特产品和农副产品，上水运输多是棉纱、煤油、红矾、布匹、盐、糖、百货、瓷器等轻工业产品。

县城沿线码头和渡口众多，知名的有龚家河码头、仙人渡渡口、黄家洲渡口、城关镇码头，县城内开设有山货行、木柴行，都是为码头运输服务的。

一位做药材生意的商户告诉舒成龙，谷城县经济原本不错，却因书吏贪赃枉法，搞得民怨很深。听到这里时，舒成龙不由得皱起了眉头。他边听边记，一边思索，一边悄悄写下自己的主意。

在清朝，书吏是政府在各关设置的具体征税人员。中央派遣的税官，或者督抚兼管委派的地方官员，都是征税的领导，不管具体征税之事，不得不派书吏等人代为经管征税业务。这样，养成了书吏的各种弊病：其一，商人纳税时，书吏分外需索；其二，在盘货时，商人需给书吏的小费，倍于纳税，商人船户，吞忍轮纳，莫可谁何；其三，包揽纳税，骗诱商人，暗用私费，书吏以重报轻，以多报少，通同掩饰，渔利分肥，甚至纳贿私放，偷漏隐匿，包揽过关。

舒成龙到任后不久，立即对书吏勒索一事展开了调查。

果不其然，书吏勒索，在整个谷城县十分严重。舒成龙到任之后，加强书吏的监督管理，特设揭发检举牌，名为“急行牌”，商人如遇到书吏不法，持牌到县衙通禀控告，凭牌惩治。审理时，原告、被告对质，各自拿出证据。如果无勒索事实，各自交给官府画押，保证无勒索行为，并声明如果违反则甘愿受罚。如果发现徇顾私情，或者隐瞒，与勒索同罪。

这样一来，谷城县内的不法书吏感到紧张、恐惧，收敛起来。

舒成龙的令行禁止让人拍手称快,仅用了半年时间，书吏勒索百姓的事件就销声匿迹。

同时，另外一件民怨极大的事也被反映上来。许多人反映官价滋涨，百姓负担很重。官价与民价相对，是清朝一种奇特的价格现象。官价由内务府制定，皇帝批准方可成立，其价格对象为宫廷，一般说来，官价要比民价高出许多，而最终为官价买单的却是普通纳税人——老百姓。舒成龙对此事慎重调查后下令：坚决革除这一弊端，指令需用物品一切照市价购买，有借故克扣者重重惩罚之。商贾、县民、衙门的官员都很高兴，乐意遵守。

雍正十三年（1735年）春，舒成龙在县城东二十里修建高亭山祠，以纪念一代贤相萧何。

谷城在西汉时曾是萧何的封地，在谷城民间很有威望。舒成龙建祠，一来顺应民义，纪念这位忠于职守、尽心尽力辅佐君王的先贤，另一方面也通过此事，进一步宣扬萧何对后人“不要凭借家世欺压百姓”的教导，来警醒谷城一些蠢蠢欲动的各方势力。

同年五月，舒成龙主持颁布《士民约法八则》。明文规定：“励士子端品以彰名教；劝讼师改业以挽浇漓（浇漓，指社会风气浮薄）；严窝娼聚赌以儆淫邪；惩酗酒斗殴以除刁悍；禁卖休抢亲以正伦理；稽游匪游民以勤职业；申保甲以靖地方；戒私宰以重农务。”各条均详列弊俗之害。

《士民约法八则》颁布以后，舒成龙立刻组织县内有声望的文人进行反复开讲，使百姓能够懂得其中的道理从而自我反省。

七月上旬，舒成龙又以“重礼兴教”为由，重行“宾兴礼”。我国向来号称“礼教”之国，“宾兴礼”作为一种科举礼仪，也属于“礼教”的范畴。大意是指府州县地方官为参加乡试的科举生员举行的送别典礼。简单点说，就是州官柬请赴科生员至署内，张设盛筵，举觞称饯，发给科举银两。

舒成龙到任谷城后，发觉宾兴大典已多年不举行，宛如一纸空文。他决定亲自谋划和实施这次宾兴礼，以朝廷的名义对诸生贫乏不能应试者，都给予厚赠之。同样，这个仪式也带来了双重的效果，不仅成为舒成龙和应试生员之间联系的一种纽带，而且在社会上营造了一种浓郁的尊师重教的氛围。

正当舒成龙大刀阔斧在谷城规范吏治、整顿民风的时候。处于盛世的清王朝又经历一次皇位的更替。1735年10月8日，雍正帝胤禛驾崩，享年58岁。随后，其四子爱新觉罗·弘历登基，是为乾隆皇帝。

乾隆元年（1736年）春四月，正在处理公务的舒成龙听闻噩耗，母亲边氏去世。

一向孝顺的舒成龙痛哭流涕，当场跪倒在地。自从舒成龙到任湖北以来，就没有回过老家。书信中听闻母亲身体不好，却没能抽出时间回去探望。这让舒成龙心里十分自责，他立即给上级上书告假要回家丁忧守孝，随后马不停蹄地赶回了任丘老家。

乾隆三年（1738年）冬十月，舒成龙将母亲边氏移葬于石村祖坟。据舒氏族谱记载："舒成龙以丧葬多沿里俗，取《家礼》所载，参诸古经作而行，其俗有可通用而不谬者尽从之。尽诚合理，吊者悦服。"

从闻讯母亲去世的消息到告假回家，舒成龙一直待在任丘家中。他在谷城的从政生涯也告一段落。虽然任谷城县知县只有一年零七个月，时间不长，舒成龙却做了不少富有成效的工作，给当地百姓心中留下了良好的印象。

第四章　履新荆门

一、不惑之年

转眼间，舒成龙停职服孝已经整整三年。

这三年里他几乎没怎么露出过笑脸。自从母亲去世后，舒成龙每每悲伤自责未能侍奉双亲。母亲熟悉的模样、慈祥的笑容仿佛就在身边，时常嘱咐他要做一个有用的人、有为的官。

在任丘老家，家族中还有不少人都仍旧贫困，遇到天灾人祸难免食不果腹。在和父亲舒东峄商量后，他在石村购置了6顷田，以2顷为祭田，作为修祖坟、家庙以及春秋陈列祭品祀神供祖的资金。另外4顷则作为义田，用来周济族亲和乡里贫穷之用。为此，舒成龙还专门挑选了两位族里公认公证、诚实的族人进行管理。管理田产的细则一一罗列出来，刻在石碑上。

忙完这些，舒成龙顿时觉得心中的痛楚减轻了很多。毕竟，去世的母亲也希望舒成龙能够好好活着。悲伤不是人生的主旋律，生活仍将继续。

乾隆四年（1739年），舒成龙已经40岁了。在父亲舒东峄的多次催促下，舒成龙于秋九月循例赴楚。

这一次，他不再孤身一人，夫人许氏和姜氏也一起随同前往。这次去武昌，舒成龙特意租了辆马车，改走陆路，因为夫人许氏已身怀六甲，行动不是很方便。

到达武昌后，舒成龙要继续等待职位候补，他就在武昌租下一处小院，到十一月，夫人许氏为他生下了一个千金，这是舒成龙的第一个孩子，可以说是期盼良久。中年得女，舒成龙格外高兴，他立即修书一封，告诉父亲这个喜讯，同时再次情真意切地想把父亲接来供养。男人四十，已经是不惑之年，经历了很多事，也想通了很多事，舒成龙又重新树立起雄心壮志。

乾隆五年（1740年），过完年，舒成龙被派往竹山，署竹山县事。竹山县位于湖北西北秦巴山区腹地，因黄竹岭之竹色黄，故得名竹山。当时归郧阳府管理。

春二月，舒成龙正式到任。到任没多久，舒成龙就严办了当地一些迷信的妇女。那些妇女类似于巫婆，借着宗教的名义，建立道场，聚众生非，说是给村民祛病消灾，却往往耽误了人家的病情。舒成龙严格禁止，还当众对一些顽固不化者进行了惩治，将她们关进牢房。顿时，这股风气得到了明显的改善。

六月，舒成龙补缺担任郧县知县。郧县西南正处于汉江的上游，居民们出行往往要乘坐渡船过江。而那时民间的渡船很小，遇到风浪容易倾覆，每年都有沉水事故发生。舒成龙了解这一情况后，多次赴实地查看，并积极筹措资金联系购买大船。次年春天，舒成龙订购的两艘大船如期运到渡口，解决了渡江的安全隐患，乡民们无不拍手称快。

七月，受到上级赏识的舒成龙又被委派兼署房县事。

在房县，舒成龙以办事公正严明、断案明察秋毫，被县民所敬仰。有县民范贵实与张会宾平素里有积怨。一天，范贵实故意把衣物遗落在张会宾门侧，远远偷望着，静等张会宾路过将它捡回时，就以“偷盗”罪报案。随后，衙役捕快在张家获取了赃物。人证物证俱在，公堂之上，张会宾不断喊冤，负责断案的舒成龙察言观色，觉得其中确有很多细节值得推敲，经过调查，舒成龙终于获得真情实证，将蒙受冤屈的张会宾释放，范贵实则受到了处罚。

重新赴任不到两年，舒成龙的才干已得到湖北巡抚范璨赏识。当时，黄冈县民俗彪悍，事情多、问题重。同年十一月，范璨又将舒成龙调到黄冈任知县。

乾隆七年（1742年）年初，舒成龙利用上任报到之间的假期，回了趟河北任丘老家。这次回家，他终于说动父亲同来湖北，理由是舒东峄又要当爷爷了。

春二月，舒成龙迎接父亲舒东峄前去黄冈县就养。

阳春三月，夫人许氏为舒成龙生了一个大胖小子，取名为舒其绶。年底，他的另一位姜夫人也为他诞下一名男婴，取名为舒其绂。其绶、其绂的名字都是舒成龙那位老父亲亲自取的，两个字的意思相近，都含有祥瑞之意，同时，绶和绂又是古代系印纽的丝绳，亦指官印。看来这位舒家老爷子更希望孙子辈也能做官，为家族增光。

都说四月是萌生希望的季节，舒成龙此时的感觉便是如此。中年得子的他满怀着希望和喜悦，来到黄冈县衙走马上任。

位于武昌之东、大别山南麓的黄冈县，当时隶属于黄州府管辖。县内名胜古迹甚多，宋朝时苏轼曾贬居黄州，常游此地，留有《赤壁赋》和《念奴娇·赤壁怀古》等名篇和书法佳作《寒食帖》。此番，舒成龙来到黄冈，却无心游山玩水。范璨巡抚调他来的目的是好好地治理黄冈县，舒成龙也确实有他的一套方法。

首先，从教育抓起。

清政府对学校教育是比较重视的，经过康熙和雍正朝的发展、完善，已具备了相当的规模，并且清廷还有一套完整的学校教育的行政管理体系，而这一体系对推动教育事业起到促进作用，也造就了一批以“振兴文教为己任”的地方官员。舒成龙就是其中的一位佼佼者。

他一到任即“观风课士，校阅文艺”，发告示，要求“阖县生童，凡有志入学肄业者，悉赴儒学报名，汇齐造册，申送入学”。选拔其中优秀者30人，到县学专门重点培养，聘请名师执教。在这30名学生中，如范朝纲、宋廷采等人，日后都金榜题名，考上了进士。黄冈县在教育上很快就出了人才，这不能不说是舒成龙治理的成效和一大政绩。

舒成龙接着重修试院。

试院，是古代乡试、会试的考场，亦称考棚。原黄冈试院破旧不堪，快要倒塌了，而且原先的规模也小。舒成龙捐出自己养廉俸银，将试院扩而新之，每个号舍内，桌椅板凳换成木材制成，结实美观，应试者都说好。

仅仅一年多时间，黄冈县就被舒成龙治理得井井有条。

重返仕途的前四年，舒成龙虽是到处补缺，但每一次他都不辱使命，干得十分出色。时任湖广总督的孙嘉淦，对他给出了“品端守洁、治剧才优”的优秀评价。

乾隆七年（1742年）秋八月，43岁的舒成龙终于不再是以知县用了，而是升任荆门州知州。此番履新，他更是踌躇满志。

二、荆门赴任

乾隆八年（1743年）闰四月，舒成龙抵达荆门州赴任，正式就职理事，对于舒成龙来说，这次任命既是一次考验，又是一段崭新的征程。

舒成龙在上任之前，父亲舒东峄找他谈了一次心。

这位慈父认为自己在舒成龙身边会让他分心照顾、影响他的工作，固执地要求回任丘老家去。舒成龙苦劝，舒东峄训斥说："汝只做好官。有益于民者必力行之，即为善体吾志。犹在署也。"意思是说，你只要做一个好官就行了，有益于百姓的事，你必须尽力去做好，这就是达到了我的愿望，等于是在你的衙署里侍养我一样。可见天下父母心。舒成龙劝留不住，只得依依不舍地和父亲作别。

荆门，地处中国之中，湖北腹地，素有"荆楚门户、控制要冲"之美誉，它北接襄阳、随州，西靠宜昌，东临孝感，南与荆州接壤。

清朝时，荆门州归安陆府管辖。清代的地方政府行政机构分为省（道）、府、县三级。此外，还有与省大体平行的边疆特别行政区。

省（道）、府、县三级情况分别是这样的：

省一级的最高官员是总督和巡抚，每一省或二三省设总督，各省均设巡抚，握一省或数省的军政大权，他们都是皇帝的心腹。

府一级，是介于省和县州之间的行政机构，设知府一人。

县一级，有县、州。县设知县一人，主管一县政事。州（相当于大县）分直隶州、散州（又称属州）二种，设知州一人，主管一州之政事。直隶州的知州官品比知县要高，与府同级，直属于省。散州则隶属于府，辖区虽较县为大，但级别同县。

舒成龙任知州的荆门州，当时属于散州，隶属于安陆府。

安陆府早在元朝就有，后来降为安陆州，因明朝的嘉靖皇帝生养发迹于此，故取“钟聚祥瑞”之意御赐县名为“钟祥”，升安陆州为承天府，与当时的南京应天府、北京顺天府并称，盛极一时。到了清朝，承天府又改为安陆府，府治在钟祥。安陆府下辖荆门、沔阳二州，钟祥、京山、潜江、天门、当阳五县。

初到荆门，舒成龙很快就进入角色。为官一任、造福一方，舒成龙仍将不忘初心沿着自己的道路前进。

作为荆门州的最高长官，很多事情要等着他去处理。他的思路清晰、目标明确，一上任先把主要精力用于考察民情、熟悉环境和拜会乡绅上。他试图在这一马平川的沃土上，实现自己的理想抱负。可事实上，当时荆门州的境况却远没有他想象中那么美好。

他一到荆门，就有许多农户跑来向他这位新上任的知州大人告状，强烈反映对一些横行乡里的“里书”（书吏的一种，掌管农户纳粮名册、执行赋税稽查的基层小吏）的不满。

舒成龙把这些农户的话暗暗记在心里，还没来得及亲自去各地明察暗访，又有人来告状，说是某家有一个女儿，本已许配给了自己家，聘礼也下了不少，但旋即反悔又将该女许配给了别家，收了更多的聘礼，并要自己家再拿出更多的聘礼来……

舒成龙听了直摇头，看了看他的下属，下属们说，大人，您初来乍到，还不清楚呢，这种事，我们这儿常有的，见怪不怪。

一天，衙门外吵吵嚷嚷，舒成龙出来一看，一群人抬着一个浑身是伤的人，将伤者堵放在衙门口，那群人凶巴巴地乱吼乱叫，原来是因与邻村争地发生斗殴所伤，定要州官出来评理。

看到众人抬着伤者到州衙控告、示威的野蛮行为，舒成龙急问从哪里抬来的？回答说百里之外。舒成龙望着奄奄一息的伤者，又问为什么不先救治伤者？众人都拦着不许治，要以伤者为证，大人必须严惩邻村，否则就在衙门口过夜，决不离开。结果经这样一折腾，伤者当天就毙命身亡了！

这件事对舒成龙触动很大。州内的一些陈规陋习和政务弊端，积重难返，使得民有怨声，短短的几天，在了解了各种怪相之后，舒成龙暗暗发誓，一定要大刀阔斧地加以整治。

但是，现在还有更为重要的事情等着他去做。

因为在舒成龙上任的前一年，即乾隆七年（1742年）六月十四日，汉江发大水，沙洋郑家潭堤决，冲压民田七十余顷，约合七千多亩，造成严重的灾害。救灾工作迫在眉睫。

舒成龙对荆门这个地方并不熟悉，各种事务等着他处理，每天累得精疲力竭。他想了解关于沙洋水利的情况，询问身边的小吏却发现荆门居然连一部完整的州志都没有，下属们回答说，我们这儿小地方，哪有什么志书。

其实，荆门的志书最早修于北宋，元朝百年不仅没有修志，连宋志也失传了。明太祖朱元璋称帝后很重视修史，降旨征集各州县地方史料，洪武十六年（1383年），荆门知州潘道享匆忙编志，聊以应付。一年后，学正叶原瑛见到史料残缺，与知州商量重修，凡是涉及荆门的事情，都记录下来，又历经数年，终于完成八卷，然而不到五十年便又失传了，仅剩下一篇序。此后又相继续修，在明朝对《荆门志》共有七次续修。后来明末清初，李自成屠荆门城时，各种史料都毁于战火，而无从找寻了。

志者，一地之权威史料，不修则湮没不彰。对于当时没有荆门志书的事实，舒成龙很有感慨地说："志书，是在职官员不可缺少的书啊！况且荆门这地方，南可捍卫江陵，北可援助襄樊，方圆千里，是荆楚的要害地区，怎么可以没有志书呢？"

怅然若失的他，只好问了些当地的风情民俗作罢。不过，想在荆门编撰一部州志的想法，就在此时油然而生。

三、抚民救灾

一日，沙洋镇传来急报：郑家潭堤灾民聚众闹事。

沙洋，唐朝以前称为汉津渡，是汉江水运的重要港口。三国时期，长坂坡大战后刘备“斜趋汉津”、关羽在汉津口接应，就是现在的沙洋。贞观八年（634年），唐朝大将、时任荆州路总管的尉迟恭为御敌安民，在此修建了沙阳堡，后为沙洋堡，沙洋的地名因此而来。

沙洋对于荆门而言，地理位置十分重要。它位于州东南的汉江之滨，是江汉平原西北腹地。乾隆时期，荆门州设州同公所于沙洋。

沙洋是汉江经过的要地，荆门州的堤防要害全在沙洋一带。因去年荆门州遭遇大范围的连续降雨，汉江水位猛涨，来势汹汹的江水，冲垮了沙洋镇郑家潭大堤的一段，淹没良田七十余顷，百余农户流离失所，受灾十分严重。

灾害发生后，前任知州张镇组织救灾不力，在汛期居然擅自离守，遭到了非议、指责。当时的湖广总督孙嘉淦来灾区视察，见到灾民颠沛流离大发雷霆，将张镇就地免职查办不说，还责令他仍留在荆门，出资修补沙洋郑家潭外堤。

张镇，镶红旗人汉军知州，雍正十二年（1734年）起就任荆门知州，为任期间很少建树。摊上堤决事件，当时张镇也想奋力抢修，无奈沙洋堤维修款被挪用挤占，一时筹措不齐，无法及时修好。免职的人，修堤资金无所措办，只好罚他滞留于此修堤，以劳抵过。修好沙洋堤，谈何容易，张镇正急得没法，度日如年！

因为他在任时，不为民办事，离任后，自然不受乡民待见。况且，张镇在安抚灾民问题上畏畏缩缩、裹足不前，直接导致民怨愈演愈烈，终于爆发了此次的灾民聚众闹事事件，以农户李济龙为首的数十人手持锄头、扁担等器物，将张镇等官吏团团围住，一场争斗似乎已无法避免。

舒成龙快马加鞭带着州里的一干衙役赶到现场时，张镇被围在乡民中间满头大汗，见舒成龙到来，神情尴尬地来到舒成龙身边。对于这位前任的失职，舒成龙很是恼火，但他清楚地知道，此时绝不是指责和发怒的时候。他先让衙役将张镇带到一边，自己则主动对灾民们亮明身份，表明自己此次前来，就是为了来帮助灾民们解决问题，看大家有哪些困难和要求。

见仍有不少乡民将信将疑，舒成龙又告诉大家说，州衙已经先期调拨了一部分粮食，准备了米粥，让灾民们先行填饱肚子。同时，他找到领头农户李济龙等人，问清事情缘由，宽慰众人情绪，主动约定，明日一早和农户代表一起详细商议解决方案。

原本剑拔弩张的态势，片刻间被舒成龙化解。张镇千恩万谢，才脱身离去。夜已深了，舒成龙暂时在附近的一户农家借宿了下来。

第二天一大早，舒成龙如约来到商议地点。昨日那数十名受灾农户悉数到场。家园被毁、失去土地，农户们心中充满了愤怒和哀怨，却又没有地方申诉。这位新来的知州真能为民请命？大家心里既充满疑惑，又充满着期待。

以李济龙为首的几位农户向舒成龙陈述事情经过：郑家潭堤被冲垮后，大批良田被损坏。官府救助力度不大，受灾乡民复耕无望，大多外出谋生。原本乡民们自谋生路都难，今年还要像往年一样缴纳赋税，才终于引发了这次矛盾冲突的导火索。

“民无可耕之田，官追正赋之供。”舒成龙听着农户们的陈述，义愤填膺。他慨然道：“为民司牧，岂以有避忌即视民瘼不恤乎？前牧既未代陈，余复恝置，是重伤也。”

舒成龙的答复可谓情真意切，他能站在受灾农户的角度上考虑，几乎每句话都说到农户们的心坎里。“作为一州的地方官，怎能因为避讳一些事情就不顾百姓死活呢？我的前任不能带你们上报朝廷，减免赋税，我如果再漠不关心，就是我的重大失职。”

他在现场办公，即刻发布三道命令。其一，紧急调发一部分粮食，以解受灾农户生活的燃眉之急，并给予一定的补助，助其投靠亲友；其二，公开募集民间所存钱物来赈济受灾农户；其三，迅速安排人手，对受灾土地勘明确实，提请豁除赋税。

舒成龙做事雷厉风行，只用了很短的时间，就调拨好粮食并征集到一部分救灾银两分发给了受灾农户。领到钱物和粮食的农户很快散开，有的投亲访友，有的则开展生产自救工作。

安抚受灾农户的工作告一段落，修补大堤一事已提上日程。借着这次机会，舒成龙对郑家潭附近堤防进行实地查勘，认真听取相关意见。摆在舒成龙面前的有两个问题：一是怎么修？二是修堤资金怎么解决？

之前，湖广总督孙嘉淦视察灾区曾提及一套方案：大堤内一二里许，旧有二十里仙人古堤行迹，针对这原有的二十里古堤，上十里较为坚固可暂缓，下十里残缺不堪，决定将下十里外堤争取拨款维修。这件事已经向朝廷请求并获得批准，也接到内阁工部责成修筑的指示，却因为种种原因尚未动工。

而舒成龙在综合考量后发现，原来的方案存在很大隐患。倘若上十里堤坝遇到大水被冲溃，这下十里长堤即使修好了也挡不住洪水。所以，专门修建下十里长堤只可暂时缓解险情，却终非长久之策。

舒成龙在多次复勘后向上级提出自己的建议。即：将整个沙洋堤二十余里通身加高加厚，并于顶端处添建石矶、石岸，从而保证没有后顾之忧。

至于筹集修堤银两的问题，舒成龙也在报告中如实陈述。原先规定的凡湖粮一石，捐银一钱，为岁修之费。可是湖粮原额三千石，多次被水冲沙压，现在不足二千石，每年征银不及二百两，工大费薄，不敷岁修。现在工程更大了，老办法也不能生搬硬套。舒成龙的报告很快层层提交上去。督、道、府、州一合议认为，用征收的二百两白银修堤坝确实是杯水车薪。商议的一个新办法是：请发库银一万两，交给荆门、安陆二州府，然后再把此银两交由诚信商家营运，按一分五厘行息，贮存于府库。在每年伏、秋二汛后，勘明河水冲刷之处，容许动用息银部分，随时修补河堤。

这个意见呈报上去之后，得到了乾隆皇帝的准奏。方案定下来，朝廷立即委派道台王总理，安陆知府塞克图监修，司马杜熏指挥，委派知州舒成龙承修，全权负责修沙洋堤的相关事务。

四、汉江筑堤

沙洋古镇临汉水而建，汉水在造福沙洋百姓的同时，也带来过惨痛的灾难。为了免除水患、长治久安，舒成龙组织力量继续大规模地、毫不间断地整修加固沙洋堤。

当时，沙洋堤是荆门州堤防关系全局的重要地段。此堤控守荆门、江陵、监利、潜江、沔阳五州县之上游，汉水自绿麻口直冲沙洋北岸，旧有堤连接青泥湖、新城镇，由沈家湾至白鹤寺的小山头，至潜江界绵亘二十余里，为江陵、监利、潜江、沔阳、荆门的保障之所在。

唐代时郢州（今钟祥）刺史许浑有诗《汉水伤稼》，上面写道："江村夜涨浮天水，泽国秋生地动风。高下绿苗千顷尽，新陈红粟万箱空。"说的就是汉江下游沙洋、钟祥等地的水患灾情。

有了前车之鉴，舒成龙此时心如明镜：农业乃国之根本，水利乃农之基础。沙洋堤防，乃是荆门州水利重中之重。堤防既关系到百姓生命财产安全，又关系到国家税赋的征收。

在乾隆八年（1743年）十一月的时候，舒成龙奔赴沙洋，亲自上阵，督办修筑沙洋边江大堤。治水刻不容缓，修堤势在必行。消息传遍乡里，沿江百姓欢呼雀跃。

到达沙洋时，舒成龙已经拟定了详细的部署。"土石两工并举、分途办料，日夜赶作"。此时的他，已是一呼百应，不仅沙洋百姓踊跃上堤，附近十里八乡的人也纷纷赶来支援。分管水利建设的州同江允柟上报人数，已达到两万余人。

修筑堤防的工程巨大，自沙洋何家嘴起，至萧家口与潜江县堤交界止，通身大堤一律加高加厚。又在江家湾廖家凹修建月堤一道，并于李家湾、水庙湾、江家湾等建石矶十座，关庙前欧家土地建石护岸两段八十丈。

正值秋冬季节，堤坝的工地上却是一片热火朝天。当时汉江边劳作时流行一种歌谣，当地人称之为汉江硪歌。可以说，硪歌就是夯实堤防基础的号令音乐。

"伙计们，加把劲。密点打，慢点行。"

"夯实堤防下苦力，十八娇娘正配郎。李郎张郎选好郎，好吃懒做当和尚……"

劳作的歌声，也激荡在舒成龙的心中。他在给父亲的书信中抒发自己的感慨："修筑堤防，民工数万，硪号此起彼伏，可谓众志成城……"

修建堤防的日子很艰苦，有些关键时候，舒成龙有几十天不回家过夜，吃住都在堤坝上的棚子里，监督加强堤坝的修建。他对那段仙人古堤抱有浓厚的兴趣，等到堤坝的紧要工程过后，他干脆借宿到古堤上一座名为"白鹤寺"的庙宇中。

这座寺庙已有不少年头。寺外，还有元朝一位丞相留下的石碑。相传这仙人古堤在修建之初，曾有人看见仙人骑白鹤经过，于是追寻其足迹修建了堤。这段古堤就被命名为仙人堤。后来，又在堤上修建了一座寺庙称为"白鹤寺"。

舒成龙经常奔走于堤上巡视堤工，寺庙里的几个和尚都和他熟悉了。破庙年久失修，殿宇不是这里漏风、就是那里漏雨。僧人妙严，外出募化数年，仅仅只募集到三根椽子的钱。尽管寺内僧人拮据，可每次舒成龙来，和尚们都是热情款待，把最好的房间腾出来，准备好热茶斋饭，这让舒成龙感激在心。

乾隆九年（1744年），汛期前驻堤的各项工作竣工。等到验收完毕，舒成龙再次带人来到白鹤寺中。"堤防既成，不可不奉神以庇之。"舒成龙自己拿出俸禄，捐了一些钱用于帮助古寺修复。临走时，舒成龙还特意嘱咐僧众，寺庙修建好后，这里还可以聘请老师，作为教育乡童的场所。

修筑大堤，只是舒成龙重视荆门州水利建设的一个开始。之后，他在荆门知州任上先后四起堤工。其中，修建小江湖堤垸，便是其中颇有代表性的一次。

小江湖在沙洋以北，旧有长堤五十里，以御汉江水涨，并有上下两闸，以消内渍，保护湖田八万余亩。自雍正二年（1724年），下闸因为堤溃冲决，周边居民无力修补，遂将上闸窒塞，因为如此，水无所泄，而湖中迭受水害。

小江湖的地形是三面环山，一面滨江。百分之九十的汉江洪水，尽灌注于湖中，一遇淫雨之年，浩荡无涯，仅仅依靠一闸消泄湖水，日积月累，积水难退尺寸。况且夏秋之间，江水泛涨无常，一月之内开闸泄水不过数日。数年来，汉水涨溢，民田即被淹没，周边百姓苦不堪言。

对于百姓的疾苦，舒成龙记挂在心。他永远也忘不了他幼年时家乡遭遇的那场洪灾，本就捉襟见肘的家里，顿时更加的窘迫，那种无助，不知向谁诉说……

他带人冒着酷暑亲自勘测，仔细观测地势，决定在大堤顶冲之处修筑八字形的护堤一道，长五百六十七丈，并复修二闸。这座护堤，此后有了个充满诗意的名字“月堤”。一切布置，都是舒成龙亲自为之规划，亲临现场指导，认认真真地使其计划周到详尽。

乾隆十年（1745年），舒成龙亲率民工及时修筑，将下闸重修，上闸复开。为了加快工程进度，舒成龙还命人在工地上准备好铁锹、锄头、箩筐等必需工具。这源于他多年在工程建设上阅历的丰富，工具统一存放和使用，既能达到合理管理，又能减轻工匠往来之间的劳累，起到事半功倍的效果。

对于工钱，舒成龙则给出“每兴役，人日给百钱”的标准，相比之前提高不少，以保障工匠的生活补给。有人认为工钱给太高，说他浪费。对此，他笑笑不予理会：“钱到穷人手里，不是买米就是买柴，怎么能说是浪费呢？”

整个修筑过程中，舒成龙时常带人不定期进行督查，因为各方面工作保障得力，大家都很尽心尽力，不到数月，下闸就已经重新修好。到此，小江湖水利工程发挥作用，上闸以顺其宣，下闸以泄其汇。两闸既通，则内有所泄之水不忧其渍；月堤既建，则外有所障之水不忧其决。从此堤垸内的居民共享农桑之乐，小江湖很少再有水涨溃决的忧虑了。

后来上级官员前来检查验收，无不啧啧称赞。老百姓从此不受水灾之祸，也交口称赞。

第五章 成风化人

一、棒打“里书”

俗话说：“新官上任三把火。”安抚好郑家潭堤的灾民，回到州衙的舒成龙随即将查处掌管赋税小吏危害百姓一事提上日程。

这类小吏，被称之为“里书”，是掌管农户每家纳粮名册，执行稽查，判别各家各户是完成还是拖欠赋税的基层人员。清朝时，农村赋税主要依赖这些小吏来完成。

当时荆门赋税，实行的是分片分人管理。荆门全州行政区划沿用明代里甲与保甲制度，设一坊厢十二村，村下又分里，共有61里。坊厢，类似于今天的“城关镇”。“村”相当于现在的乡镇，“村”下设“图”，也称为里，相当于现在的村，是地方最基层的组织。譬如城北的望乡村，下辖4个里，有粮户3869户，平均一年可收获1400多石粮食。

里书看似官小，权力却很大，在当时不仅能左右辖区的赋役事务，连里长的人选也由里书的册籍来决定。

在荆门州，有的里书是一人管一里，也有的是一人管数里，他们掌册籍书算，按户登载应征服役的数额。这些里书人员，按照他管辖的名册上记载的户口的多与少、地方的富裕与贫穷，来规定任务的数量。这个办法起初是好的，但发展到后来，由于管理不善，弄虚作假，弊端环生。

舒成龙在调查中发现，荆门州内利用造册计算的职务方便，上下串通，作奸犯科的里书大有人在。他们有的在受贿后，任意编造册籍，卖富差贫，以使田粮多的地主富户逃免粮差或应轻差，而少田无田的贫困小户则纳粮当差或当重差，结果造成赋役征派困难；有的将与自己亲密的粮户名单从书册上注销，赋税照收不误，将这一部分赋税归入自己腰包；有的居然将里书这一职位作为产业世代相传；有的甚至将其转包给别人，作为敛财之道。这一乱象简直就是五花八门。

再进一步调查，更让舒成龙大动肝火的是，此年，荆门额载成熟粮麦22941石，居然亏空166石。青冢村，4个里，额征条银573两，南漕米276石，自开征以至奏销之日，完成缴纳不到十分之一二。究其原因，大部分都是因为里书从中捣鬼。

一日，舒成龙招来青冢村的里书许某，询问青冢村赋役一事。刚开始许某还遮遮掩掩，舒成龙见状假意示好，设宴开席，并在席间许之以利，询问解决办法。喝得醉意醺醺的许某眉开眼笑，终于道出了实情。

原来，前任知州之所以每年能够全额完成赋税任务，没有拖欠的担忧，是采用了赔垫的办法。征收任务下来后，知州招来里书下达任务，里书即摊派到农户，共同负担，赔垫补齐，沿以为例，习以为常。表面上看起来，完成赋税，风平浪静，知州满意，所以置之不问。而其背后却危害巨大，一方面，姑息养奸，对于里书贪赃枉法不闻不问，导致勒索横行，反映出吏治的腐败；另一方面，也加重了社会负担，农民吃亏，从而加深了社会矛盾。

这次，青冢村赋役一事，则是里书许某知道舒成龙初来乍到，有意为之，试探一下舒成龙的反应。

舒成龙心里如明镜一般，表面上却不动声色。送走了许某后，他又仔细思索了几日，考虑详细周全后，才向上级知府和巡抚上书，“岁久滋伪，弊孔百出，有所谓飞诡者、影射者、养号者、掛虚者、过都者、受献者，久久相沿”。在报告中，他痛陈里书侵吞赋税款项，种种弊端和危害，要求严惩。

没过几天，上级传来批复，同意舒成龙严格查办。

舒成龙立马采取措施，按照律令，把有问题的里书都押到衙门，根据里书所犯问题的严重程度，该革职的革职，该打板子的就打板子，一点也不手软。这样的雷霆手段，完全出乎里书们的意料，立刻就傻了眼。

紧接着，舒成龙在州衙官署的其他小吏中，选派诚实又精通业务的书办，让他们经管粮册，设局查造，清查田赋，另造约册。并在赋税开征之先，印刷文告《易知由单》，上面写明里甲、户名及需要缴纳的税银数目和粮食数量，交由各个主管官员审核。

文告的宣传效果是明显的。尤其是得到了老百姓的支持。每个人都知道自己应该缴纳的正供赋税，这样一来，大家明明白白，心中有数，照单缴税，再也不用担心“共同赔垫”了。

同时，农户既可遵照《易知由单》完成本年的银米，还可以将本年多余的银米存为下年输额，提前交纳。遇有买卖推收情况，另行换给《易知由单》。过去用来弄虚作假的手段，再也没有了滋生的土壤，一举杜绝了源头。

全州士民百姓，无不欢欣雀舞。有人感叹，“时荆门里书之弊已除，州人益颂公之神明”。还有人专门为此写出了赞美的文章，并谱成歌来称颂：

畇畇禹甸，此界尔疆，任土作贡，厥惟有常。
春纳尔赋，秋完尔粮，各守旧则，其民曰良。
册书既起，政乃纷更，浸淫贪黩，敛怨民生。
耗外加耗，征里重征，朘我膏脂，罄我耘耕！
帝念民莫，特简我公。公来于于，公言融融。
公曰无怖：余殄乃凶。大弊既剔，府吏其空。
自今伊始，百室其盈！自今伊始，妇子其宁！
自今伊始，吏不候门！自今伊始，犬静花村！
花村洋洋，丰年穰穰，厥角稽首，寿且无疆！

歌词的大意是：

大禹所开辟的平旷之域，这是荆门州的界疆，依据土地制定赋税的数量，本是历史恒常。每年春天缴纳赋税，秋季完成公粮，各人遵守国家法度，就是良民。里书胥吏兴起之后，赋税政策随即变乱改更，贪污之风逐渐蔓延，因而招惹民怨沸腾。里书们额外屡加耗损，税征后还重复税征，剥削我的血汗，搜括一空，可怜我辛勤耕种！上苍挂念民间疾苦，特地派来知州舒公，舒公来时悠然自得，就职演讲春风融融。舒公说：不要害怕！我要灭绝里书的恶凶。大弊既已剔除，承揽赋税的衙吏们一扫而空。从今开始，千家万户，仓廪盈丰！从今开始，妇女儿童，享受安宁！从今开始，可恶的里书不再守候你的家门！从今开始，看门的狗儿不再吠叫！农村喜气洋洋，岁岁五谷丰登！举起犀牛角做的酒器，我们高兴来到您的公堂，隆礼跪拜，以头触地，敬祝您长寿永远健康!

这首歌，将整治里书的前后进行鲜明对照，反映出民心的得失向背，足见舒成龙的雷厉风行。州人蔚钟颖还专门作了一篇《除里书序》，对这一事情进行了如实的记载。

同年六月，钟祥前县令因为失察里书而被免职，上级决定由舒成龙暂时代理。没有及时任命新县令而由舒成龙兼任，足见舒成龙这一举动不仅深得民心，也深受上级的赏识。

二、破旧立新

如果说棒打“里书”，是舒成龙抓住小吏贪腐、肃清吏治搞的一次突然袭击。那么，接下来一系列针对州内民风和陋习的整治，则更像是经过深思熟虑而有计划、有步骤的施政。

多年来基层为官历练的经验，让舒成龙心里很清楚，荆门若要想长治久安，必须破旧立新、扶正祛邪、扬善惩恶，倡导和树立良好的社会风气才行。

对于当时荆门的民风，《风俗记》中有文记载：“荆门呰窳偷生，而忘聚积，不忧冻馁，亦无千金之家。”意思是说，荆门人的性子比较懒散，生活只顾眼前、得过且过，虽不至于挨饿受冻，但却没有多少积蓄，也没有特别富裕的人家。

这一潭死水，到底怎样才能搅动呢?

究其根源，是懒惰、是不思进取。那为什么众人都如此懒惰而得过且过呢?舒成龙对此进行过认真的思考，他认为风俗是随着教化变动的，而移风易俗的责任，全在当地握有政教大权的人。

独具慧眼的他，准确抓住了解决问题的关键。他敏锐地洞察存在于州内比较突出的一些恶习坏俗，开始有的放矢。

首当其冲的是破除旧有的懒惰之风。

要想让男勤耕耨、女勤桑麻。就要让百姓真正明白“肥地也怕懒汉”的道理。懒惰是人需要经常与之斗争的天性，战胜了懒惰，穷人才能富裕；屈服于懒惰，富人也会贫穷。

为了让这个道理浅显易懂、便于传播，舒成龙专门引用了两则民间故事。一则是“财神送钱”，讲的是：快过年了，财神爷怜惜一个住破庙的穷汉，就给了他一串铜钱。没想到穷汉伸着脖子说：“喂，你把钱放到碗里，不然我还得自己捡起来。”财神爷气得拂袖而去，那串铜钱也变成了几根稻草。穷汉此时才后悔不迭：“果然是救穷不救懒啊。”

另一则是“懒汉吃饼”的故事：有个懒汉，平时懒得一点活也不想做。一天，他的媳妇有事回娘家。怕他在家挨饿，出门之前，媳妇先烙了一张大饼，把中间挖空，套在他的脖子上，才放心离开。在娘家住了几天，媳妇回来，进门一看，丈夫已经饿死了。原来套在脖子上的那张大饼，丈夫只吃掉靠近嘴边的一个月牙儿。

随着故事渐渐在荆门州内流传开来，州民的变化也在悄然地发生。

道理已经说得很直白：越懒就越容易安于现状，越安于现状也就越穷。因为不愿去思考将来的事情，就不知道该往什么方向努力。这样下去，人也没有了斗志，也不会去追求财富，哪里还看得到外面广阔的世界？

舒成龙下决心破除的旧俗，还有强婚抢婚和舁验伤痕。

在荆门州的一些乡间，女方出嫁前先要接受男方的聘礼，此时，有的女方家里别有用心，同时接受两家男方的聘礼，然后比较哪家给的聘礼多，从而挑起两家矛盾，互相到官府控诉。不仅如此，少妇孀居，被一些不法之徒视为奇货，这些人强迫年轻的寡妇改嫁，从中牟取钱财，有的甚至结党行凶，强行抢劫逼婚。

对于这种复杂而又愚昧的习俗，舒成龙深恶痛绝。他命人在州内四处张贴告示，严厉禁止上述行为。对强抢妇女、逼迫其改嫁的罪行，给予坚决打击，对于之前在此事上作奸犯科者，也不姑息，指派衙役将其收押官府。

为了让更多的人知晓，舒成龙还礼聘一些年老而有地位的士绅和年高而博学的儒生，广泛宣讲礼法，力争做到家喻户晓，妇孺皆知。

舁验伤痕的惨痛事例，舒成龙刚来荆门当知州时就曾经历过，两户人家因为矛盾纠纷引发打斗，双方打得头破血流、互有损伤。打斗被人制止后，竟然不先顾着救治伤者，而是将伤者用木板抬到衙门来告状。结果可想而知，轻伤者一路上疼得龇牙咧嘴，重伤者因为得不到及时的救治，在途中毙命，酿成命案。

很快，衙门就紧急下发文书：严厉禁止舁验伤痕。如遇纠纷，由当地乡保现场检验如实禀报；伤者需要就地诊治，犯罪伤人者从重惩罚。

与此同时，一项针对州人迷信巫术，不合礼制祭祀的整治也正在进行。

荆门地处楚地，楚人祭祀祖先的目的在于向神灵祈福，希望能得到祖先神灵的保护。通过举行祭祀仪式，将个人和家族更好地纳入社会秩序之中，客观上可以起到整和社会，加强团结的作用。

在荆门城北乡间有一种叫作“坐丧鼓”的习俗，每当有老人去世，亲朋好友就会聚集在一起，为逝者鼓之，歌之，颂扬亡者生前的美德。

打丧鼓源远流长，最早可追溯至春秋战国时期。相传庄子的妻子死后，庄子坐在一旁击缶而歌。当时一些人见到后不明其意，便问他为什么不泣反歌，庄子说，人死归天，童子相迎，去到极乐世界，是人生极大的解脱，为什么要为之哭泣而不为之歌呢？众人觉得庄子的话合民意、通民情、顺民心，乃心悦诚服，遂开始仿效，以致渐渐地形成了这一习俗，并且世代相传。

这样的习俗舒成龙并不反对。在参加完村里一位德高望重老者的葬礼，知晓了这一仪式后，舒成龙觉得所唱之内容，是在叹亡和歌颂亡者美德，叙说一些当地的历史和风土人情，反倒有一些浪漫主义色彩。

但是，针对州民反映的情况，一部分人被称之为“神人”，妄图利用巫术，借助某种看似神秘的力量，以达到自己追求的利益。他们有的为了达到某种目的，甚至将活人作为祭祀所贡献的祭品。这种违反伦理道德、对社会秩序带来危害的举动，则让舒成龙所不容。

将礼仪道德作为治州的一条基本准则，进行恩威并施，舒成龙的这种做法，让一些危害荆门已久的恶习逐步走向消亡，自然受到了州民的热烈拥护。

三、惩恶扬善

又近年关，一场大雪让整个荆门城变得银装素裹。上午时分，外面依然极度寒冷，北风呼啸着吹过，让州署原本就很破旧的门窗发出吱呀吱呀的声响。舒成龙透过窗户，望着飘飞的雪花，心里有喜有忧，“都说瑞雪兆丰年，可是如此寒冷的天气，会不会冻坏庄稼呢?”

小吏的禀报彻底打断了舒成龙的思绪，“城北大户黄家昨晚遭了贼，一伙强盗趁着雪夜潜入，杀死看家狗，盗空家中财物……”

黄家对盗贼恨得咬牙切齿，一边组织乡民自发搜寻贼人足迹，一边冒雪赶路数十里来到州署报官。作为官员，舒成龙自是责无旁贷，他问明案情、限定期限，严令分掌捕盗的州同范溥速速缉拿罪犯。

这是一伙长期盘踞乡间、靠盗抢为生的蟊贼，人数虽然不多，给地方造成的危害却不小。这次舒成龙下了严令，范溥亲自督办，捕快们又尽心尽力，很快就摸清贼人活动范围，将其一举抓获。

舒成龙决定公开审理此案，以儆效尤。审案那天，州衙聚集了许多前来观看的州民。三十下杀威棒，将那几个蟊贼打的是哭爹喊娘，心里哪还敢存着避重就轻的心思，一下子就老老实实全部交代。

根据律法，这伙蟊贼被送进了牢房。州民们对于知州的审判大声叫好，这伙为害乡间的宵小终于受到应有的惩罚。

雪过天晴后，新的一年也逐渐临近。荆门州内四处张灯结彩，喜庆洋洋，一片欢乐祥和。城中最为热闹的地方要数城隍庙，经历过改朝换代的战火，荆门的城隍庙虽然只是经过简单的改建，却丝毫没有影响到人们祈福许愿的热情。

这是舒成龙在荆门过的第一个新年。作为一州之长，按照当地的习俗，他要代表州民拜谒神灵、祈求平安，谓之贺岁。在震天的锣鼓声中，威风八面的仪仗队伍舞旗摆阵，威风开路，舒成龙走在队伍最前面，后面是熙熙攘攘前来观礼的人群。待到吉时，三通鼓声之后，舒成龙高声宣讲，祈祷皇道天开、好运齐来、城隍升座、赐福消灾。紧接着城隍庙大殿开启，人群徐徐涌入，气氛热烈。

礼数完毕，饶有兴致的舒成龙在城隍庙与民同乐，看到一众善男信女虔诚的模样，舒成龙若有所思。

修建申明亭，就是舒成龙经过仔细思考后的结果。

亭子修在繁华的城隍庙内，取名“申明亭”意为宣明善恶好坏的亭阁。亭子修好后，一时间成为城隍庙的新景观。

亭有二座，分别命名为彰善亭，用来宣扬善举；瘅恶亭，用来抨击恶行。把善良的、孝顺的、各种被大家所推崇的人的姓名写入彰善亭中；将作恶的、无耻的、各种违背道德伦理的人姓名写进瘅恶亭中，两亭泾渭分明。

当然，对于名字上了瘅恶亭的人，也不是一棍子打死，允许他们改过自新。如果三年没有过错，就将名字从瘅恶亭中抹掉。如果依旧不知悔改，则予以重点打击，从重治罪，使人警醒。这些人都是本州本乡之人，大家知根知底。两相对照，让民众广泛评议，以昭劝诫，从而收到了很好的教育效果。

为继续弘扬德、善，彻底扭转民风，舒成龙可谓是苦思积虑，想尽办法。

乾隆九年（1744年），刚刚开春，舒成龙就开始着手在州内设立约长。约长，是舒成龙根据荆门州实际情况，自行创意而设立的基层小吏，专门用来宣传教育感化众人。

舒成龙在全州中按“老成敦朴、通晓文义”的标准，精心挑选人选，共有近百人被选中。老成敦朴、年高有德、精明练达、敦厚朴素，是约长的德；通晓文义，能透彻地了解四书、五经的义理，是约长的才。

这样德才兼备的优秀人才，被委任去做宣传教育，在舒成龙看来，是最合适的人选。各级官员有限，但是百姓众多，不可能一家一户去加以晓喻，就靠他们中的精干力量来帮助传播法典、法规，使广大民众能陶冶身心，涵养德行，以致形成良好的社会风俗，让家家都有德行，堪受旌表。以达到移风易俗的目的，做好各项教育工作。

对于这些约长，舒成龙给予了很高的期望，分派给他们的任务是："与父言慈，与子言孝，与兄弟言友恭，与农工商贾各言其艺业之勤。"

"与父言慈"，就是向父母长辈之类的人讲：对晚辈一定要慈爱。

"与子言孝"，就是向子女晚辈之类的人讲：对父母一定要孝顺。

"与兄弟言友恭"，就是向兄弟平辈这一类人讲：哥哥对弟弟要友爱，弟弟对哥哥要恭敬，兄弟间一定要互爱互敬。

"与农工商贾各言其艺业之勤"，就是向务农、务工、从事商业做买卖的人众讲：各门技艺和学业的精进，全在于勤奋努力。

舒成龙让百名"约长"宣传教育的这些内容，主要是运用中礼法正确调节和处理各种矛盾，以达到让大家安居乐业的目的。

这百名正副约长，道德和文化素质都比较高，工作起来，自然是轻车熟路，得心应手，很有成效。一些州内的义夫节妇、孝子贤孙的事迹也被发掘了出来。

州民吴祖泰的妻子王氏就是一个鲜活的例子，王氏嫁入吴家后温婉贤淑、勤俭持家，日子过得越来越好。谁曾想到，好日子过了才几年，家中就接连遭受变故。先是公公病逝，后来丈夫也因意外离去。悲痛过后的王氏，既要照顾年迈的婆婆，又要抚育年幼的儿子，生活如同一块巨石，压得她喘不过气。不过，这个坚强的女人从来没有放弃希望，在家中坚守节操、任劳任怨，终将儿子抚养成人，走出了生活的困境。

王氏的事情，经过约长上报到舒成龙这里，他很是赞许。对于这个忠孝节义的典范，舒成龙一边上表朝廷，为王氏请求表扬；一边对其事例进行整理，在州内广泛宣扬。

有了约长们的教育感化作为基础，舒成龙也来到百姓中间言传身教，每年的黄道吉日，他还亲自“读法反复明谕”，为百姓反复地启发解说。

约长的示范带动作用，所带来的积极影响，给了舒成龙一个启迪，如果在州内专门开辟一个场所，进行道德和礼仪的宣讲，定能达到意想不到的效果。

四、天降祥瑞

荆门州城旁有象山，象山东麓故有陆夫子祠。祠堂初建于明弘治年间，是为了纪念陆九渊在荆门的功德而设。

陆九渊（1139—1193年），字子静，号象山，南宋时期著名的思想家、教育家，抚州金溪（今属江西）人，陆王心学的代表人物。因书斋名“存”，世称存斋先生。又因讲学于象山书院，被称为“象山先生”，学者常称其为“陆象山”。绍熙二年（1191年），知荆门军。

陆夫子祠到当朝已有数百年时间，陆九渊的道德和恩泽还留在人们的心中，可现在却因为年久而衰落破败。舒成龙马上就想到可以借助这一典故，重新修复陆夫子的塑像和祠堂，既恢复了前贤古迹，又可作为宣讲道德和礼仪的场所。他的这一计划正合了很多人的心意。

舒成龙的这些措施这样坚持了下来，三年之后“风俗大淳”。民户不需要因担心盗贼而把门窗关得严严实实的了，争吵、诉讼的事减少了，乃至于无，善良之人可以安然高枕而卧，人人都在努力，期待能够早日达到古圣人治世的那种境地。

自此，全州一派欣欣向荣的样子，民风民俗为之大变。

地方的长治久安，在于百姓的安居乐业。舒成龙从小在农村长大，自然对农民的疾苦深有体会：鸡一叫就得起床，赶牛下田耕种，插下秧得除草，要施肥，夏日里晒得汗流浃背，劳碌得不可开交。为官荆门之后，舒成龙很大程度上围绕着“促生产、兴水利、减农负”的目标在进行施政。

为此，舒成龙想了许多行之有效的办法，目的就是为了进一步促进农业生产，充分合理利用人力、物力、财力，增加财政收入。俗话说得好：借力发力不费力。作为一个有思想的从政者，舒成龙确实是个懂得借力发力的人。

乾隆九年（1744年），荆门州接连发生了几件奇怪的事情。

先是夏四月，柳家洲农民柳子厚、柳东阳、黄耕芳等八人，献上一茎双株多穗的麦子20株。

舒成龙惊奇地接过呈上来的麦穗，看了又看。这些黄灿灿籽粒饱满的麦穗，确实与平常所见的麦子不同，麦子带着清新的香味，看着都让人欢喜。

“大瑞多为天象，上瑞多是走兽，中瑞则是飞禽，下瑞是植物。”舒成龙曾在书中看到过类似的记载，“凡景星、庆云为大瑞，其名物六十四；白狼、赤兔为上瑞，其名物二十有八；苍乌、赤雁为中瑞，其名物三十二；嘉禾、芝草、木连理为下瑞，其名物十四”。

“这正是应了大顺之世，天降祥瑞啊。”对于这样一个宣传政通人和、风调雨顺的大好机会，舒成龙觉得是天赐良机。

他立刻写成文书将此喜讯上报，对种出“瑞麦”的几户人家给予奖励，还让人广泛发布荆门产出瑞麦的消息，组织州民前来观看。

果不其然，“瑞麦”的事情传播得沸沸扬扬，不仅本州，就连临近的州县都有人闻讯而来，大家都说，“好的兆头为祥瑞，预示着上天的褒奖”。

喜报送上去还没有回复，舒成龙难以平复自己的心情，亲自作了一篇《瑞麦记》：

乾隆九年四月廿一日，柳家洲农民柳子厚、柳东阳、黄耕芳等八人进麦一穗两岐者二十茎。余昔阅此图，未睹其物，今谛视之，则异光夺目，微香扑鼻，真瑞物也。此岂第为一州肇庆哉？盖本朝圣圣相承，重熙累洽，故和气钟灵，百昌效顺，而嘉禾瑞麦乘时以出，用为有道昭其休。记曰：大顺之世，天不爱道，地不爱宝，天降膏露，地出醴泉，其兹时之谓与？

老农曰：“吾州自秦汉以来，频罹兵燹，历元迄明，屡遭寇盗，盖民气之未复久矣。今幸际昌期，灾氛久息，休嘉迭臻，而瑞麦产于州土，则即一茎以卜百亩，即一郡以卜天下，知必绿盈原野，黄铺井里，而时和年丰，概可想矣！”予曰：“信哉！‘屯极而亨’，理有固然。昔张堪为政，麦秀两岐。予不敏，何德以堪此？第思‘帝命率育，贻我来牟’，《春秋》：鲁无麦，书以示异。稽诸《雅》《颂》所载，‘植稚菽麦’，侈陈其种，‘遗秉滞穗’，艳歌其盛。上之人以是为农夫之庆，下之人以是祝‘曾孙之穑’。杨扢之余，未始不心慕其徽，今何幸躬逢其庆耶？”夫嘉禾入告周公，尚以名书，值兹盛会，能勿备述本末，以彰圣天子重农贵粟、崇本抑末、上叶天时、下符地利之盛也乎？余既开之大府矣！爰拜手而记之。

文章中，舒成龙以祥瑞歌颂当朝皇帝政绩的意图跃然纸上。文章的大意是说，本朝圣君与圣君相传，接连几代兴盛太平，所以和谐的气氛聚集了天地间的灵秀之气，因此出现了象征美好与祥瑞的麦子，以此为天下太平来昭示吉庆。古书上讲过，太平盛世，天不吝惜物源，地不吝惜宝藏。天降滋润万物的甘露，地出甘美清甜的泉水，就是说的当今这个时代吧！

发现瑞麦的热度还没有消减。两日后，沙洋镇马良七宝山山民雷圣至家又传来奇事："雷家的母牛生产出了一只麒麟！"

前来禀报的人称，这只奇兽，就是传说中麒麟的模样，身长一尺八寸，身高一尺六寸，遍体鳞甲，甲缝里长有金红色绒毛。它的四只蹄子像鹿蹄，额头光秃，白色，突起寸余，鼻子向上，嘴唇则上长下短。产下来后，观看的人们向墙一样围在雷家的牛圈。可惜的是这只瑞兽只存活了3天。

舒成龙闻讯更加激动了。在民风得到改善后，舒成龙正准备围绕"促生产、兴水利、减农负"的目标来进行施政。在这个节骨眼上，不正好可以借助这两件祥瑞的事情，大力宣传自己的主张，将政策推行下去吗？

"闻圣人有仁德、通乎幽明、则麒麟出。"舒成龙连忙施展生花妙笔继续给上级汇报。同时而作的还有一篇《产麟记》：

乾隆甲子四月，得瑞麦后二日，马良七宝山民雷圣至家，牛产麟。麕身鹿尾，长一尺八寸，高一尺六寸，身皆甲，甲缝有金红色绒毛。额光白，高起寸余。四蹄如鹿。鼻向上。唇则上长下短。生存三日，观者如堵。

余闻而异之。夫凤凰、麒麟，鸟兽之不常有者也。或数百年一见，或数千年而一见。约皆微露其机，终不为人所得而畜，故历代以为瑞也。舜时凤来于庭，文时凤鸣于岐。夫曰‘来’、曰‘鸣’，不过偶一见耳。即麟与驺虞，载咏于《诗》，亦何尝闻其畜于囿乎？假使天地既可生麟，而即能常生之；或偶而生麟，而即能常存之，是麟亦与凡兽等耳，亦何瑞之有哉？于是州将邹君世权，赍闻于上，制府鄂公，遂函以入告圣天子。虽不言符瑞，而岐麦祥麟叠见于三日之内，于以知国家深仁厚泽，沦洽于山陬海澨者已久，是以草木鸟兽胥效其灵也。韩子云：麟之为物，不产于家，虽有麟，不可知其为麟也。果然乎哉？

《产麟记》一文和《瑞麦记》有着异曲同工之妙。这样的瑞兽，只有在太平盛世才能出现，舒成龙将祥瑞的异象与国家的兴荣、强大联系在一起记载，从某种意义上来说，既是为太平盛世锦上添花，又是为自己治理荆门以来取得的政绩进行舆论宣传。

荆门州产瑞麦及麒麟，绘图以报奏达。好事传千里，时任湖广总督的鄂弥达收到禀告后，用专函报告给了乾隆皇帝。乾隆皇帝看了以后，自然也是龙颜大悦。

翻过年来，舒成龙又在州城以南的掇刀石，重修了关帝庙。关帝庙是为了供奉三国时期蜀国大将关羽而兴建的。掇刀石这里，是关公文化遗迹和传说留存十分集中的地方。三国时，关羽曾驻扎于此，掇刀石，就是因关羽将刀掇于巨石而得名。

在关帝庙周围，“马跑泉”“望兵石”“关坡”“上马礅”“饮马槽”等古迹，以及相关的传说都被保留了下来。

“望兵石”方圆十里，青石林立，块块石头皆朝北方。相传，关坡周围原先并没有什么大石头，道路也是相当平坦的，当年，东吴大将吕蒙袭取荆州，关羽急于夺回，由于赤兔马太快，飞奔至此，大队人马已落后很远，心急的关羽站在关坡上盼望援兵，因嫌脚下的石头太低，看不清，于是大吼一声："顽石抬起头来！"接着只听得格格作响，脚下的巨石突起。至今，这块巨石上还有两个深深的脚印。

"上马蹬"位于山的西侧，由两块碧色巨石自然相叠耸立在山坡，高约4米多，可拾级而蹬，是关羽上马用的垫脚石。在"上马蹬"旁东侧的一块青石中，有一个圆圆的石孔，传说是关羽命马倌开凿的饮马槽。槽前端是一个半圆形缺口，槽后端下通地下泉水，槽中常年有水。相传关羽的"赤兔马"饮水十分讲究，不随处饮水。关羽每次征战或操练出营帐前都在此饮马，然后从上马蹬跨马扬鞭而去。至今，当地还流传着"半山腰中一石脊，槽水下通东海底，一年四季水不干，赤兔饮后奔千里"的民谣。

在当时，一座关帝庙，就是一方水土的民俗民风的展示。这和舒成龙修复陆夫子祠是一个道理。一尊关公圣像，就是千万民众的道德楷模和精神寄托，一块青石古碑，就是一个感天动地的忠义教案。舒成龙将这些都一一进行修缮，并保护了起来。

第六章　经世之才

一、知民疾苦

瑞麦、麒麟这两宗祥瑞事件的热度，正慢慢随着时间的推移而变淡。

舒成龙把目光放在发展生产和繁荣经济上，一些与百姓生计和生活息息相关的问题是他关注的重点。有了早年在王府积累的管理经验，以及他过人的经营头脑，使得他在搞活荆门、黄冈等地兑运一事上，又有了一个创造性的发展。

当时湖北地区的赋税上交，有两种办法：一是南米，南米运至荆州交割。二是漕米，漕米运往武昌入库。各地必须分别运到，全省都一样。

荆门的南米，每年奉文派拨到荆州交割，漕米每年送往武昌入库。荆门至荆州，路程一百八十里，送往荆州路近、方便，百姓承担的费用少。荆门至武昌，陆路六百一十里，水路要先运到沙洋，再送往武昌，有近八百里。送往武昌不仅路远、困难，百姓承担的路费和运送途中的损耗也就更多。

舒成龙根据自己在黄冈工作的经历，深知黄冈运输漕米比较容易，而缴纳南米则比较困难。对于这种状况，他感慨地说："曩吾之在黄也，运南则挽舟千里以抵荆州；今吾守兹土，复沿江八百里以抵武昌，何彼此之迂其径耶？"

意思是说，之前我在黄冈任职时，运南米靠纤夫拉着船行，要走上千里，才到荆州。如今我在荆门为官，又沿江八百里去武昌送交漕米，为什么那里和这里都需要走这么多的弯路呢？

既然黄冈便于漕而不便于南，正好荆门便于南而不便于漕。那么，能否借黄冈之力，实现两地互利互惠呢？于是，舒成龙开始谋划黄冈、荆门两地实现相互兑运。

这里所说的兑运，是清代漕运方式之一，各地人民可运粮到附近府、州、县水路兑给卫所官军，由官军运往京师，百姓付予相应的路费和耗米。

舒成龙所谋划的，是想通过合法手段，在荆门与黄冈两地之间交换输送赋税。具体做法是：荆门代黄冈缴纳南米，黄冈代荆门运输漕米。两地互易后，不足的南粮或漕粮数，由武昌附近的蕲水、广济南漕二赋补足。这样一来，既节省人力物力财力，又方便快捷。

舒成龙"力请互易"，这个意见，报上去之后，经过层层研究，大家都同意舒成龙的这个建议。乾隆十年（1745年），荆门、黄冈两地兑运正式实行，基层官吏和平民百姓都感到负担轻了，也方便多了。一年下来，节省的各项开支多达960多两白银。

舒成龙十分体察民情，关心百姓疾苦。

汉江水运发达，水流却很湍急，尤其是沙洋镇临江一段水路，起大风时，容易发生翻船事故。一些从沉船事故中侥幸逃生的百姓，专门找到舒成龙哭诉，"沙洋险滩，渡舟频频倾覆，百姓落水哭嚎"。

舒成龙得知情况后，召集下属紧急商讨，快速拿出解决办法。“公置船四、每船二人，月有廪给，伺变救之。”在沙洋段的险滩、容易撞坏船只的险要航段，设置救生船，停泊在河滩之上下两端或左右两旁，专门负责对遇难舟楫的抢险救护工作。

为了避免翻船事故的发生，舒成龙令人在航道中比较险的一段，想办法做出一个标记，达到提醒的作用。同时，还要求救生人员以摇旗、击鼓的方法为过往船只引航。每当船过险处，岸上便开始锣鼓喧天、红旗招展，指引舟船航行。

上任一年多来，舒成龙还多次上奏，请求免除郑家潭水冲田赋。

舒成龙上任前一年夏天，汉江大水、郑家潭堤决，冲压李济龙等民田七十余顷，民无可耕之田，官追正赋之供。因为前任知州张镇和钟祥县令高宪（当时代理荆门知州）救灾不力受到处罚，并没有及时向朝廷申报豁除田赋。

舒成龙上任后，亲自去郑家潭安抚受灾农户，解决农户实际困难，向朝廷申报豁除田赋一事，他时刻放在心上。可是豁除田赋，涉及实地查证、损失估算等方方面面，处理起来比较烦琐。在处理此事时，又因为涉及某些被处罚的官员，所以遇到不少阻挠，一直没有得到妥善的解决。

“作为官员，哪能因为避忌就可以视群众的疾苦不顾呢？前任既未代陈，我如果还以不理旧事为由，漠不关心，置之不理，是再一次伤害他们啊！”对此，舒成龙感到十分愤慨。

于是，在乾隆十年（1745年）夏四月，舒成龙再次力请上级领导出面，呈报朝廷，请求豁除郑家潭灾区所有应征条饷等项，共计银三百一十九两七钱，南漕正耗并增贴米一百五十六石六升，并应准予郑家潭灾区自乾隆八年（1743年）开始，照上述数字豁除。

到这一年的七月二十三日，由湖北巡抚晏斯盛出面题奏，经复勘属实，部议准“照数豁除”。荆门州郑家潭大堤乾隆七年（1742年）被水冲压李济龙等田亩一案，根据各方核实确认，确实是因为大堤溃决，水深沙压，难以恳复。其税赋从乾隆八年（1743年）开始，准予豁除，以缓解“民累”。

当月二十六日奉旨：“依议，钦此。”得旨全允，同时下令：“仍令该抚晏（指湖北巡抚晏斯盛）将前项豁除银米各数出示晓谕，务使灾民均沾实惠。倘有不肖官员私行征收情弊，即行指名题参可也。”

皇帝这道圣旨的意思是，将豁除银米的名单张榜公布，让大家都知道，一定要让灾民们都沾到实惠。如果有不良官吏还敢私下征收舞弊，军民人等可以立即指名道姓予以揭发。

至此，豁除田赋一事终于得到解决。这一消息迅速传开，灾民们无不额手称庆，州内居民奔走相告，堤边的很多农户都喜极而泣，他们自发地敲锣打鼓来到州城，争相称颂舒成龙的德行。

二、巩固城池

乾隆十年（1745年），舒成龙认真谋划了两件大事：一是组建班底启动编纂《荆门州志》，二是针对州城的短板——基础设施薄弱的问题进行施政。

编纂《荆门州志》的想法由来已久，针对基础设施薄弱开展工作却是事出有因。导火索是荆门城的城墙突然发生了坍塌。

那时候的荆门城，呈不规则的椭圆形，民间俗称“筲箕城”。城市划分为城内、城墙、城外三个部分，整个州城共有五个城门，东边、西边和北边各有一个城门，分别为“东作门”“西成门”和“北辰门”。南边有两个城门，一个叫作“平泰门”，另一个是为了方便进出学宫后修的，叫作“南熏门”，俗称“小南门”。

这次城墙的坍塌，不只是某一处，舒成龙赶到现场进行了实地查看，查明了事故原因：诱因是上一年连降大雨，导致城内大面积内涝，积水阻塞排不出去所致。再就是与城墙破旧、年久失修有很大关系。

尽管城墙的倒塌并没有带来人员的伤亡，但舒成龙却丝毫不敢大意。就在他积极寻求解决办法的时候，事态进一步恶化，靠近东、西、北三面的城墙纷纷坍塌，共有二十余处，垛口也倒三百余处。

舒成龙立即向上级汇报了情况，修复工程随即被提上日程。因为工程量浩大，舒成龙根据实际情况，将任务分摊到每一年，前后共用了五年的时间才全部完工。

后来，舒成龙又对破损的南、北城门进行了翻修，翻修完小南门，舒成龙带着祝福广大荆门学子的美好期盼，将“南熏门”改为“凤鸣门”。

针对基础设施薄弱环节开展工作，舒成龙心里明白，修葺城墙只是在治标，要想治本就必须将河道疏通。于是，疏通城区主河道金虾河的工作，也在几年后正式开始进行。

金虾河穿过整座荆门城，曲折环绕、其形如带，因河水中常有金色的小虾游荡而出名。河水的源头发源于州城西郊外的天心堰，清澈的水由城根的水道入注河水中，绕着凤凰台、城隍庙，从州北门的左边而流出。

舒成龙了解到，之前河水疏通时，河边风景优美，住在河边的居民都从中受益。可是长年累月中，河水带来的泥沙造成原来排灌的出水口淤塞，不仅自然环境遭到破坏，一遇到大雨，河水排不出去，便连带着河边的房屋和城墙都遭了殃，被浸泡的时间长了，散发出阵阵难闻的异味不说，甚至有些直接倒塌了下来。

舒成龙这次发动了全州的绅士和百姓共同出力，他和大家约定，从天心堰开始，到州北门的出水口止，沿途各家各户自扫门前雪，有浸水导致危房的自行加固，门口河道淤积的，将河道深挖，使水能够排出。遇到没有能力修葺的人家和无人管的空地，则用募捐来的银两进行资助。

为了做出示范，舒成龙专门找工匠，将某一段淤积严重的河道挖宽五尺、深五尺，并在两边砌上砖石。同时，他发布命令，让大家共同维护河道的环境卫生，不得人为丢弃杂物污染河水。经过数年的治理，在他任期内再也没发生过河道堵塞导致房屋和城墙坍塌的事故。

由于舒成龙抓建设出了名，善筑堤、善治水声名远扬，成了远近闻名的“专家”，就连省里的工程也请他去负责。时任湖广总督的鄂弥达获悉舒成龙的事迹后，亲自点将舒成龙，全权委派他督修工程更为艰巨的武昌金沙洲石岸。

接到命令后，舒成龙即刻启程奔赴武昌。对于这座熟悉的城市，舒成龙并没有过多的停留，匆匆领命后，就立即赶往堤防修筑现场驻扎。

鄂弥达，满洲正白旗人，乾隆九年授湖广总督，因谥文恭，所以后人又尊称他为“鄂文恭”。

当时，鉴于沙洋溃堤的教训，鄂弥达要在汉江搞综合治理。他亲临逐细亲勘，与道员王檠筹划长久之计，上奏章说：“武昌、汉口滨江，城郭民田，赖有堤以障。请于武昌金沙洲、荞麦湾增筑大堤……”

由于工程较大、艰巨，总督鄂弥达亲自点将，让舒成龙负责，按规定时日完成。舒成龙考虑到，金沙洲南临汉水，北接武昌，地势重要，事关全省安危，工作的重要性是不言而喻的；同时，各级官员既已决定修建石岸，以为防御，决心都很大，自己必须高度重视，认真对待，不辱使命。

他继续延续着他一贯的风格：起早贪黑，奔波于堤防现场指导，前方后援皆能帷幄运筹，确保精心施工。

在此期间，舒成龙还受总督鄂弥达指派，重审了一起久拖未决的命案。汉阳一户姓杨的人家，全家惨被杀害。杨家亲属认定凶手是其结义兄弟王某所为，告到官府。官府将王某捉拿，几经推审定了死罪。但王某不服，屡屡翻供。案件拖了下来，双方意见很大。

舒成龙接手此案后，仔细审核案卷，反复调查，在多次提审案犯及相关人员后，发现了不少疑点。舒成龙最终断定这是一件冤案，真正的凶手并不是王某。在汇报工作时，他向总督鄂弥达“力白其冤”。却被总督认为他办事不力，还为死囚说话。

舒成龙据理力争，将案卷中疑点一一向总督禀明。可鄂弥达却没耐性听他讲，拂袖而起。舒成龙拱手而立，不卑不亢地说：“为官者不可草菅人命，总督以下官为贤，倘不能雪此案之冤，以后就更没有希望了。”总督鄂弥达听后也逐渐冷静下来，最后耐心听舒成龙说完，并赞同他继续追查此案。

过了不久，舒成龙果真抓获真凶，使得这一拖了几年的冤案得以纠正。从此，总督鄂弥达更加倚重和信任舒成龙了。

代理审案只是舒成龙任上的一个小插曲。他的主要精力都放在修筑堤防上。因为措施得力，工程一直有条不紊、保质保量地进行着。

自李公堤中起，至新城西街头止，又自新城起，至潜江王家潭止，共建大小月堤四道。人心齐，泰山移，经过艰苦奋斗，六个月全部竣工。舒成龙受到了总督鄂弥达的通令嘉奖，并上报到朝廷为他请赏，“文恭以公著有循绩，爰列正荐”，大计卓异。

通过舒成龙的修筑整治，汉江堤防巍然屹立，发挥了极大的功效。但舒成龙并不以此为满足，水利工程仍然常抓不懈。

三、建署修驿

有的人不忙不快乐，舒成龙就是这一类型。公务繁忙时，既要忙着治理水患，又要忙着整顿民风，还要忙着发展生产，舒成龙一直没有停歇。这一年稍微轻松一点，他就又忙着在州内大抓建设。

地方的基础设施过于薄弱，一些关系到官府形象和百姓切身利益的场所，都需要重建和改善。

远的不说，就连州署这个官吏们办公的场所也没个像样的地方。官府衙门，不仅简陋而窄小，下雨天还经常漏雨，甚至有几次，还被外地来的商旅当作了客栈。舒成龙决定改变这一切，他认真梳理了一些重点项目，并召集幕僚一一进行探讨，拟订方案。

乾隆十一年（1746年）的春天，舒成龙主持的荆门州署重建工程，拉开了序幕。

原先荆门的州署，是唐朝开国大将尉迟敬德在荆门选址创建的，地点在州内的凤凰台，那时的州署雄伟气派，登高远望，方圆百里都尽收眼底。五代时期，这座官署曾毁于兵燹。在南宋时，荆门军知军陆九渊又把它修复过来，仍作官署。可是到了明朝末年，州署又一次彻底地毁于战火。闯王李自成的军队在进攻荆门时，遭到了本地军民的顽强抵抗。数天后，孤立无援的荆门城被攻破，李自成的军队把州官和守军全部围歼在州署内，并残酷地对荆门城内居民进行了屠戮，城市沦为废墟，官署化为灰烬。

清朝政权建立后，上任的荆门州官并没有在原址重建荆门州署，而是在另外的地方购买了周贡生的民舍为署衙。之后的继任者大多如此，因陋就简，其间倒是有一位叫胡炳的知州，有修复州署的想法，可工程开始没多久，却因为辞去官职而作罢。

舒成龙来到荆门，从下车之日起，就以修复古制为己任。后因要立即修好沙洋堤防，又劳于武昌江岸，无暇顾此，所以就耽搁了。

这次，舒成龙重建州署的动作很大，他的能力和才干在这几年得到社会各界的充分认可。所以，当他带头捐资用于修建时，州内的士大夫、乡绅们都欣然相助。

有了充足的资金支持，一时间，招聚工匠，筹集材料，工程进行得热火朝天。不过，随后发生的一件事情，却差点让整个工程中断。工匠们在挖掘地基时，发现了许多深埋在地下的骨骸，纵横狼藉，混于瓦砾之中，惨不忍睹。

这些尸骨乃是当年李自成军屠戮州署守军和百姓的。就在人们议论纷纷之时，舒成龙立刻有所行动，他命人做了三口大棺材，将这些尸体入殓，葬于州北门外，又专门主持一个仪式，请数位和尚前来诵经超度亡魂。后来，他又专门在埋葬这些骨骸的地方建了座升天塔，写了一篇祭文，为这些忠魂祷告。

这件事的负面影响很快因为舒成龙的处置得当而消除，此后荆门州署的建设也是顺顺利利。到了这年秋天，历时约半年的荆门州署建设终于竣工。

由舒成龙主持修建的州署，宏伟轩敞。建成后的荆门州署大小房屋计百余间，富丽堂皇，舒成龙一一题名。在头门，建有“作新楼”，上悬钟鼓。

鼓是皮制的大鼓，钟是一座足有六千余斤古钟，名为“过发钟”。这口钟颇有些典故，乃是元代时荆门东山万寿寺一位得道高僧所铸造。之所以叫作过发钟，是因为铸造后钟钮处虽有断痕，发丝可以穿过，可钟悬挂后却不坠落。后来，寺庙遭遇战火，钟被移送到别处，奇怪的是移走后的钟再也敲不响了，被人废弃在墙角。

州署修建好后，舒成龙一直寻觅不到大钟，有人将此钟献上，舒成龙找人擦洗干净，略微用火烧制后，不仅能够敲响，声音竟然比以往更加深厚宏远。更为奇特的是，大钟挂在州署，竟然还有驱逐蚊虫的效果，夏秋两季，在州署滋生的蚊虫明显少了。自此以后，每天清晨和傍晚，荆门城上空就会响起钟鼓之声。

而在内院，则有一座雕梁画栋、飞檐翘角的楼阁，高筑于“凤凰台”台基之上。好像一只色彩斑斓的金凤凰展开翅膀一般，所以，舒成龙命名该楼为“舒翼楼”。一年后，州人李之湘专门为建州署作了一篇《建荆门州署碑记》刻于石上，以此纪念舒成龙的功德。后人评价，舒成龙这一创举，“复百年之废坠，开千载之洪规”。

建好了州署，又修四驿。

古代的驿站，是供传递官府文书和军事情报的人或来往官员途中食宿、换马的场所，近似于现代的邮政、物流。

荆门当于荆襄古道交通之要冲，地理位置十分重要，历来为兵家必争之地。唐刘禹锡《复荆门县记》中说：“直故郢北走之道，其聚邑曰‘荆门’。揭起重关，殿於乐都。名视县内之制，居殷形束之要，故吏师重焉。”

所以舒成龙考虑到种种因素，决定着手次第修建荆门四驿。

在州北门内原先有一座驿站，名为荆山驿。作为传递公文的人或来往官员途中歇宿、换马的住所，这座驿站是荆襄古道上的重要中转地。当时，荆山驿一直是满负荷运转，传递公文时，上下驿站间常常是“换人换马”或“歇马不歇人”。上一个驿站的传送尚未到达，下一个驿站的人和马匹已做好准备，只等公文一到，就立刻飞驰而去。不过，由于占地有限，人员不多，而且距离州署驻地的距离还比较远，难免会有许多不便。

舒成龙在修复州署之后，立即选择州署西边的空地，重建荆山驿。对于驿站，舒成龙可是再熟悉不过了的，之前在兵部车驾司学习时，他就曾经被派驻过驿站。

新修的荆山驿，前建头门三间，额曰“荆山驿”。内建更房一间。数步远又建二门三间、仓三间。二门之西，建外马房三间。二门之北二十丈，建马神庙三间。于庙左建二间，右建五间，为差房、厨房、料房之用。西边一带建马棚二十四间，分为四槽喂养马匹。马神庙之后、二门之西，俱留敞地以堆马草。

其次，建建阳驿。建阳驿在荆门州南九十里，乾隆十四年（1749年）告成。共建衙署门屋二十七间，马厩二十二间。又建社谷仓六间于头门内。

第三，建石桥驿。石桥驿在州北六十里，建衙署门屋共十八间，马厩如之。附建社谷仓三间于后。

第四，建丽阳驿。丽阳驿在州北一百二十里，建衙署门屋共九十间。马厩如之。

是年，四驿都重新一一建成。新的驿站在舒成龙的指导下，各项功能设施完善，极大地提高了驿站的使用效率。

四、带民致富

如果说建州署是一项官府形象工程的话，那么建设州仓则是实实在在的民生工程。

旧的州仓原先设在州北的石牌村，之后石牌村划归钟祥管辖，于是州仓和州东南的沙洋仓进行合并，距离州城有120多里。这样一合并，就给西北粮户带来了极大的不便，往往去粮仓翻山过河，往返一次就要四五百里，耽误了几天的时间不说，运输费用也随之上涨，不仅百姓叫苦不迭，就连到粮仓支领兵粮的荆门官兵也因此受到影响而有怨言。

意见当时汇报到舒成龙这儿时，他感叹地说："民之苦累一至此乎。"百姓们跑那么远把粮食运输过去，官兵们领粮时，也得跑那么远才能领回，随后，舒成龙立即想到了应对之法，将州西北交通偏远的十一里范围内粮米，采用就近征收的办法，免去了士民运输之苦，也为官兵领取兵粮带来了便利。

米虽改征，仓无定所，涉及粮食的储存和管理，没有固定的粮仓却并非长久之计。这次借着州署乔迁，原来的旧州署就没有用了，闲置下来，废弃可惜，虽然再做不了州署，可翻新后作为粮仓，收贮州城附近纳户之粮米，却是再好不过了的，既变废为宝，又利民方便。而且正好建设新州署的工人是现成的，不用另外招募，建筑材料也有富余，可以非常有效地节约成本。舒成龙请示上级后，正式改废州署为州仓，并取名为"州丰仓"。

也许是看到建设粮仓带来的显著效果，此后几年，舒成龙又下令先后对州城内的“常平仓”、沙洋的“沙平仓”和后港的“后盈仓”等粮仓进行了增建或改建，并在仙居、建阳驿、石桥驿、州城、团林铺、四方铺、沙洋、后港共八处建社仓三十间。其中，“常平仓”作为“州丰仓”的备用，主要用于官方调节粮价、备荒、赈济抚恤而设置。而社仓属于民办粮仓，由当地人管理，在收获时向民户征粮，积储以备荒年放赈，粮食的周转则以借贷的形式，一般春放秋收，收取利息。

这样一来，不仅针对性地解决了粮食仓储不足的问题，还能存储更多的粮食用来在州内灵活支配，让百姓得到了实惠。为了大规模发展经济，必须要有足够的仓库用来集散。记载显示，舒成龙前后修仓五次。

为发展生产，带民致富，有着敏锐经营头脑的“经济之才”舒成龙早在心里琢磨着，如何才能增加百姓们的收入？古圣人说“仓禀实而知廉耻”，百姓们富裕了，民风自然善良，那被贫穷逼出来的邪恶，真是一种社会的悲哀。他想起自己的幼年，也是在农村里长大，家里穷得揭不开锅，心里特别酸楚，冷锅冷灶历历在目，饥一餐饱一餐的还继续读书已经变得不现实了，为此他还与父亲大吵了一架，在心里早蒙上了“不孝”的阴影。他不想这种悲剧还在后人身上继续发生。

舒成龙在荆门通过实地考察了解，觉得荆门是个山城，山多田少，农作物的收入是怎么也赶不上富饶的平原地区，当地的农民赖以为生的只有水稻，水稻的产量很低，因为当时没有今天的技术办法提高产量，要想通过种水稻来增加收入就非常困难，也不太现实。但山上最适合种树，那么多山，若种上柏树，就大有潜力可挖了，是一定能为老百姓谋点利益的。

桕树，亦称“乌桕树”，是一种落叶乔木。高能达15米，寿命可达百年以上，树皮暗灰色，秋季落叶前常变为红色。乌桕树全身都是宝，用途极为广泛。种子外面包着一层白色的“桕脂”，可以用来制作蜡烛和肥皂；种子可以做染料又可榨油；桕油可用于制作油漆、油墨和润滑油等；桕饼可以作燃料和饲料；叶子可制黑色染料；树皮和树叶均可入药。并且乌桕还具有较好的观赏价值，树干挺拔，树冠优美。

这是一种经济价值极高的优良树木品种，在栽种时却无须多大成本，也不必像种田那样辛苦劳作，栽下去就相当于一劳永逸，而且间隔一年就可砍伐，再生嫩条一茬接一茬地又长出来。但是当地对此认识不够，种者很少，并没有好好发挥它的经济效益，所以舒成龙当时就想用这种方法来达到灾后生产自救的目的。

乾隆十一年（1746年）二月，舒成龙历览阡陌，令当地农民广为种植乌桕树。特别劝谕，晓以利害，定以赏罚，规定多栽的给予奖励，不栽或少栽的予以惩罚。这样一年一年地坚持去做，数年下来，乌桕树木已经成林，于是绿野丹崖，桕林处处，变霜红叶，到处都是。乌桕成材，通身都是宝，民众就获利了，生活得到了大大的改善。民众无不额手称庆，歌颂知州舒大人有先见之明。

能够正确衡量价值的人，自然就有了先见之明，当然也更分得清利弊得失。

却说在荆门州西北的黄集、万福、杉木三山，过去传闻地下有铜矿。上级指令，委派舒成龙组织人力动工予以开采。但是动工两年多了，工程成本高达白银三千多两，而所有产出的价值，还不到成本的十分之一。舒成龙认为，这真是劳民伤财，得不偿失，何况又浪费了资源，极不利于经济建设，再也不能进行下去了。尽管他必须接受上级的命令，但他还是连连向上级请示报告，力请将铜矿封存起来。其理由是：一方面以免遗留下大量的资金拖累；另一方面，保存好国家资源，以待将来技术进步之时开发，对国家更有利。

过了不久，舒成龙的报告终于得到上级批准。随后，将荆门州的铜矿封存完固。同时，把这个情况详细地记载，并载入编写中的《荆门州志》，以告知后来者，便于将来的开发。如今，荆门矿产资源丰富，大概也与舒成龙那时的保护有关吧。

第七章　百废俱兴

一、梦得龙泉

在没有繁重公务的时候，舒成龙逐渐养成了出外巡游的习惯。一方面可以排解处理烦琐事务带来的劳累，另一方面也能贴近百姓了解民情。这样的游历让他觉得生活更有滋味，不仅交了不少朋友，而且还有不少奇遇。

荆门城凤鸣门外，有河流沿着城垣近旁流淌，这里是出入城门的必经之地，旧时有桥，毁于战火。之后，州人用木板临时搭建了一座浮桥。不遇到河水上涨时还好，行人小心翼翼在桥上行走倒也过得去，可如果有货物运输，则需要绕道别处。涨水时，浮桥被淹没在水下，行人站在岸边驻足兴叹，偶尔有胆大者涉水过河，一不留心滑倒在水中，轻则狼狈不堪，重则伤及性命。

舒成龙了解到这一情况后，专门找了个下雨天去实地察看，果然情况属实。

“凤鸣门内便是文庙，这里是读书人经常经过的场所，怎么可以没有一座坚固的桥梁？”回来后没多久，他就决定要修一座固定的石桥，桥上既能走人，又要能通车马。

乾隆十一年（1746年）三月，舒成龙亲自选择了一个良辰吉日，进行了开工仪式。

他带头捐出银两，以他的魄力和能力，筹措资金倒不是难事，可修桥的大块石料却不好寻找。不过，舒成龙身边也不乏得力帮手，荆门参军萧式汤就是其中一位。这位萧参军已在荆门为官九年，熟悉荆门事务，办事干练，舒成龙和这位副手相处甚是融洽，经过多日的筹备，两人从西山筹集到了不少石料，这样修建了约莫数月，桥基基本建好，石料也已经所剩无几了，工程的进度也渐渐放缓下来。

这下可难为了两人，舒成龙继续想办法在别地筹集，天天处于忙碌和焦虑之中。

一天，舒成龙又忙碌到深夜才休息。漆黑的房间中，淡淡的月光从窗口挥洒而进，将房间内照射得有些朦朦胧胧。舒成龙在半梦半醒中感觉自己来到石桥边，就在他想尽力看清石桥修建的状况时，忽然场景变换，石桥不见了，自己已经置身于一股清泉旁，清澈的泉水不断涌出，充满着生机和活力。

泉间有一人站立其中，那人身材魁梧、容貌伟岸，此时泉边又多了一人，笑着问自己："君谋石耶？何必他求！"舒成龙正准备答话，两人却都不知所踪，只听见一个声音淡淡飘来："此泉神也！"

从梦中醒来，舒成龙仿佛有了某种感应，这种感觉很奇妙。他极力回想起梦中的场景，梦中的景象他有些熟悉又有些陌生，熟悉的是梦中两人站立的地方，不正是象山脚下的蒙、惠二泉吗？可那之前一股清泉又是从何而来呢？

蒙泉和惠泉，可以说是当时荆门最为知名的景点。两泉均在象山脚下，泉水从石缝中涌出，蒙泉在北、性凉，惠泉在南、性温，两泉的泉水都是清澈如明镜一般，其间的石头和鱼都可以清晰地数出来。泉上建有亭，自唐、宋以来就有文人墨客在此流连忘返，其中以苏东坡的诗句最为传神："泉源从高来，走下随石脉。纷纷白沫乱，隐隐苍崖拆。"

也许是因为梦境的牵引，这一天，舒成龙在和萧式汤视察桥工时，专门来到蒙泉和惠泉这里。当舒成龙把自己的梦境告诉萧式汤时，这位副手思索片刻后大喜道："难道神明知道我们修桥需要石料，故意给我们以指引吗？"

挖掘此处的乱石，来对应梦里的征兆？舒成龙顿时灵光一现，立马找来工匠进行挖掘，这里石料果然丰富，而且材质坚硬。更惊奇的是，挖了不到三尺，竟然挖出一个圆顶的石碑。工匠将石碑整个挖了出来，舒成龙用手捧水淋在碑上，直到上面的字迹显现出来，碑上刻有几句诗，乃是："鸿泉敷润有深功，石窦涓涓海眼通。岁稔时和霖雨足，风云长静白龙宫。"碑上刻的书法遒劲有力，落款显示为宋绍兴二十二年，荆门知军吕元所题。随后工匠又挖出两块石碑，分别刻有寒疾医方，这更让舒成龙感到惊奇。

继续挖下去，出现几个石穴，顿时泉水上涌，原来这里竟是一个泉眼。成龙继续让工匠将这里深挖疏通，涌出的泉水越发多了。而且水质甘滑如流髓，顺着东边的河道缓缓流入民田。这真是验证了梦境中的预兆，没想到修桥急需石料的难题迎刃而解，竟然还在无心之中发现了一个神泉。

舒成龙兴致大发，选取诗中"风云长静白龙宫"之语，将此泉命名为"龙泉"，并继续安排工匠建亭台于泉眼之上，将其保护和利用起来。

或许是因为得到梦境中的龙泉太过高兴，也或许是因为修建石桥的石料还是不够，舒成龙将象山北边已经接近干涸、被人遗忘的另一座泉池也开发利用起来。

经过挖掘和疏通，这座名为“顺泉”的小泉也重新焕发出往日的光彩，与龙泉、蒙泉、惠泉汇流向东，引入竹皮河。后来，舒成龙为了让四泉之水能够造福百姓，专门将城河挖宽加深，重新修建了三道水闸，使得泉水边附近的农田都能得到灌溉。

自从有了龙泉，舒成龙的业余生活也更丰富多彩。

闲暇时，他时常去龙泉边散步，并谋划着如何将这里打造成荆门一个新的文化景点。也正因为如此，舒成龙还专门写了一篇《龙顺二泉记》，介绍其中的前因后果，感叹这种奇妙的境遇。后来，这篇文章被刻上石碑立在龙泉旁。随后，舒成龙更是文兴大发，他邀请诸多文友，以观赏龙泉为主题进行了多次聚会，被记录下来留存到现在的文章就有数十篇之多。

二、造桥挖堰

有了挖掘龙泉、顺泉而来的那些废石料，一度放缓的石桥修建工作又进入正轨。

到了秋天，石桥终于修好，舒成龙考虑到这里距离凤鸣门近，而在凤鸣门内筑有规模宏伟、占地宽阔的文庙，是荆门古时最高学府和文化中心，也是读书人的活动场所。凤凰鸣唱，比喻优美的乐声，期望文庙的所在地凤鸣门给荆门带来兴隆的文运，遂将这座石桥命名为“文运桥”。

在当时荆门四十五座桥梁中，竟然有七座都和舒成龙有关，有的是他直接组织修建，有的是他倡修和劝修。州城平泰门外有平泰桥，州南四方铺有麻石桥，这些桥年久失修，或毁坏，或危桥。舒成龙都一一重新修好，以利交通。

在诸多桥梁中，舒成龙似乎对州东南后港镇的聚仙桥，怀着一种特别的情感。别的桥修建他很少专门写文章，但在重修聚仙桥时，他却专门为其作了序。

原来，这份情感来源于对父亲的思念。

舒成龙在荆门为官时，数次想把父亲接到荆门来赡养，可舒父却不愿麻烦儿子，怕耽误了他的前程，一直留在任丘老家。有一次，舒成龙终于将父亲接来，高兴之余陪着父亲遍访荆门的山川河流。在后港东湖、西湖上泛舟，父子两人心情愉快。舒父十分喜欢后港的湖光山色，对聚仙桥也留下了美好的印象。

后来，洪水泛滥，聚仙桥在大水中被冲垮，桥基也被毁坏。附近绅士和乡民联合捐资修桥的消息上报到舒成龙这里后，他还主动捐出了自己的俸金来赞助此举。

修桥过程中，舒成龙还专门提出了建议。他说："夫天下事有因有创，矶仍其旧，因也；梁益其高，创也。"意思是说，做事情，有的要因袭，有的要创新，修桥这件事上，桥墩沿用过去的这便是承袭，桥梁增加它的高度，这便是属于创新。

当然，舒成龙资助修桥的目的不仅仅是因为睹物思人，后港的"后盈仓"是州城三大粮仓之一，这座聚仙桥又是农民缴纳粮食时必经之地，每当农民交纳粮税时，车马尽出，路上都是人挤人，车跟车，没有了这座桥，给百姓带来的弊端显而易见。

聚仙桥修好后，舒成龙又不只一次去实地视察过。对于捐资修桥之人的功绩，他还专门进行了表彰。

后来，这些功绩还被刻在石碑上，立在桥边。不过，桥修好后，舒成龙却因为种种原因再没有与父同游过聚仙桥，这对于孝顺的舒成龙来说，还是留下了不少遗憾的。

修桥是为了人们的交通出行方便，挖塘堰则与人们的生活、生产直接相关。

舒成龙在荆门任上不仅修了许多桥，而且挖了不少的塘堰。

荆门的地貌特征是西北高、东南低，典型的丘陵山地。除了沙洋一线有汉江之水可以用于灌溉外，其他地方的水利工程很少，许多农户只有靠天吃饭。

湖之弊在于水，而山之利则在于水。而当时，荆门遭遇干旱的日子明显增多。水，对于荆门而言，是至关重要的。但是，水却要看老天的脸色。无雨时，则天旱；雨多时，则成涝。

舒成龙心里明白，不能将希望完全寄托于上天开恩，来获得风调雨顺，求雨只是权宜之策。要想真正解决水的问题，真正所依靠的就是挖堰塘，靠堰塘来达到蓄水和泄水的目的。

舒成龙曾带着小吏专程去实地了解情况，现状不容乐观：一些堰塘没人管，大者变小、广者变狭、深者变淤塞、完整者变倒塌；一些可以开凿塘堰的地方，则没有人开挖，上面长满了野草；还有一些村民压根就没有挖堰塘蓄水的意识，本着得过且过的心理。

这让舒成龙有着心急如焚的苦恼。一遇到天气干旱，农民们可谓是措手不及，这可怎么办呢?

“夫弃可恃之地，而徒咎之天；有可凭之权，而不勉之人，是民之愚也……”舒成龙痛斥这种愚昧的行为，并决定作出表率，动员民众挖堰修塘，兴修水利设施。

几天后，舒成龙真的选择了一个贫困村子，带着工人来开挖堰塘。知州率民挖堰的消息不胫而走，果然起到了良好的引导效果。很多户村民也纷纷响应起来，有钱出钱，有力出力。大家都在谈论着知州说过的话：“虽然难以预料旱灾，但是旱灾来了，我们也可以做到有备无患，将损失降低到最小。”

对于挖堰这件事，舒成龙似乎是铁了心要在短期内见成效。他不仅仅亲自示范，还多次对百姓广为劝谕。他申令辖区官吏严格遵守执行修整、增设堰塘的法令，命里长督率修堰，对于狭小的就扩大，淤塞的就挖深，废弃的恢复原状，还未修建的要根据实际地形开凿新挖。他还亲自奔赴各地查验，确保堰塘的质量。

这一年，荆门大大小小的堰塘增加了近百个。可喜可贺的是，这些堰塘真的在当年灌溉用水时发挥了作用。农户因为提前做了准备，真的从中得到了实惠，当年就喜获丰收。

三、以孝励人

大约在乾隆十三年（1748年），为了纪念二十四孝代表人物老莱子，舒成龙开始着手在荆门城西顺泉旁修建孝隐亭，因为这里相传是春秋战国时期老莱子养亲的地方。

这位春秋时隐居在荆门的隐士，非常孝顺父母。在民间，老莱子戏彩娱亲的故事几乎家喻户晓。百善孝为先，舒成龙也是一个孝子，自然对孝文化十分推崇。

老莱子家境贫苦、生活艰难，他与妻子辛勤种地，靠劳动勉强维持一家人的生计。到夜深人静时，他才坐在灯下读书写作，思索、探究世界的道理和人生的真谛，逐写成了《老莱子》文十余篇，言道家之用。

当时，世道衰微，诸侯争霸，为了避免父母遭受兵荒马乱之苦，老莱子与妻子陪着老人，隐居到楚国蒙山（今荆门象山）东麓，开荒种地，自给自足。

初来乍到，人地生疏，好在老莱子有一颗善良的孝心和一双勤劳的大手，什么困难也难不倒他。他砍来一些芦苇、茅草和蓬蒿，搭了几间小屋，权且避风驱寒；又用木头做成床，用干草织成席，尽量让父母睡得舒服些。隐居期间，楚王曾慕名登门拜访，邀请老莱子出仕为官，却被他婉言拒绝。

年复一年，老莱子已经年近七旬。他的父母更加是老态龙钟，行动不便。老莱子一片孝心，对父母体贴入微，关心备至，希望二老能够长命百岁，安度晚年。他认为，儿子在父母跟前永远是个孩子，不能因为自己年老体迈而使父母伤心。

为了给父母的生活增添一些乐趣，他想方设法引逗老人发笑，唤起老人对往事的美好回忆。一次，他在脸上涂满色彩，穿着一件五颜六色的花衣，像婴儿一样在地上爬，翻跟头，学狗叫，直把父母逗得笑出了眼泪。又一次，他弄来一面大鼓，边敲边唱，活像一个卖唱艺人。唱词都是孩提时代父母教给他的那些传说故事，演唱中，他并不完全根据史实，而是随心所欲，瞎编乱凑，有时还怪腔怪调，目的只有一个，让父母听了高兴。

老莱子还专门在家中养了几只色彩斑斓的鸟儿，让父母逗乐玩耍。他自己也经常引逗鸟儿，让鸟儿发出动听的叫声。老莱子见父母脸上有笑容，心里也乐开了花。

一天，他为父母打水上堂，不小心跌了一跤。他害怕父母伤心，故意装作婴儿啼哭的声音，并在地上打滚。父母还真的以为老莱子是故意跌倒打滚的，见他老也爬不起来，笑着说："这孩子，老了还这么顽皮。"

对于老莱子的典故，舒成龙进行了多方考证，确定他就是荆门历史上的一位杰出名人。其实，舒成龙早在少年时，就已经知晓老莱子其人。

而今，舒成龙在荆门，在老莱子的故居，寻访先贤的足迹，着实令他激动不已。他多次到老莱子故居寻访，还整理了孝子田，疏通了顺井和顺泉。

这顺泉，本是宋代知军彭乘所发现的一眼泉水，因它靠近老莱子故居，所以彭乘就将其命名为“顺泉”，用以纪念老莱子的孝行品德。舒成龙进而在顺泉旁边修建了这座孝隐亭，用以祭祀老莱子，从此香火不断。

对于此番美景，舒成龙还请画师描绘成丹青。据说他的书房就挂着这样一幅画，巍峨的象山脚下，是一片绿油油的稻田，背靠着山脊，是几间被竹林环绕的草屋。草屋的西边，有一口古井，名为孝子井，井水常年清澈、味道甘甜。再往西边，有一座小亭，便是孝隐亭。站在亭上，放眼望去，湖光山色尽收眼底。尤其是那一潭碧绿的清泉，仿佛一颗绿宝石般光彩夺目。

几年时间内，舒成龙对老莱子故居进行改造和建设，倒是和画中景象极为相似。完工之时，他还题上“老莱山庄”四个大字，命人刻在大石上，立于山前，并为此赋诗一首：“山庄斜日蔼余晖，想见当年膝下依。三聘不知朝魏阙，一生长是恋庭闱。乌啼老木悲空井，水映残霞试彩衣。我有高堂疏定省，思乡惟有梦魂飞。”

从诗中不难看出，舒成龙借咏老莱子来宣扬孝道，用老莱子的故事来激励荆门人心存孝心、弘扬孝顺的传统美德。

“老吾老，以及人之老；幼吾幼，以及人之幼。”讲的是不仅要孝敬自己的父母，还应该尊敬别的老人，爱护年幼的孩子，在全社会营造尊老爱幼的淳厚民风。这些，正是舒成龙的良苦用心。在当时，这种风潮也潜移默化地影响着许多荆门人的言行。

家住州城的国学生余一夔，和睦乡邻，孝顺老人。有一年，荆门遭遇水患，伴随着疾病滋生。懂得医术的余一夔在家开设善堂，不仅熬粥接济灾民，还帮助病人诊治免费施药。难能可贵的是，他看到有受灾老人和孩子无家可归时，将自己家中别院专门腾出来安置他们，直到帮这些人渡过难关。

贫家子弟解璇，少年丧父，家贫，从小就知道孝顺母亲。后来解璇刻苦自励，靠经营牲畜生意逐渐变得富足，娶妻生子后，他依然悉心侍奉自己的母亲。在他的言传身教下，妻子和儿女也十分孝顺。他的母亲一直活到七十多岁，成为当地众人皆知的长寿老人。

另一位贫农公树，靠给别人做短工供养母亲，每次打工回家，都会将雇主提供的饭菜分出一部分带回家给母亲吃。有富足的人家看公树如此孝心，请他帮工每次必准备两份饭食，一份给他，另一份让他带回去给母亲。公树也懂得知恩图报，最终变为这家雇主家的长工。

这些鲜活的事例，汇集到舒成龙手里，他对此感到非常欣慰。

在封建社会里，牌坊是用于旌表“功德”，宣扬封建礼教的一种建筑物，象征着崇高的荣誉。舒成龙就将这些事情记载在彰善的牌坊上，让这些人的孝行和善举传播得更为深远。

四、为民求雨

舒成龙现在名气甚大，受人欢迎，这既源于他治理荆门的成功之道，又在于他时刻把百姓的事放在心上。

乾隆十三年（1748年）秋到次年三月，他经常到荆门州的东部、西北和北部去。一方面是去体察民情，另一方面也是为编写荆门州志积累素材。因为之前治理水患的原因，他的主要精力都在州南。

每到一个地方，舒成龙都特别留意当地的名胜古迹。州东五里有大慈山，半山腰有普惠洞，是康熙年间武将唐凯征讨叛乱时，与一位叫懒庵的和尚结下善缘所建。洞内供奉有观音菩萨，成为人们拜佛许愿的场所。舒成龙来此游历发现山路险峻难行，便令人开出一条羊肠小道。当他知道寺庙置办的斋田，半数被人为侵占后，便主持公道进行清查，使斋田物归原主。

州西北一百二十里仙居山上，有一座初建于唐代的古寺，名仙居寺。明朝末年战乱纷飞时，曾有万人避祸于此。后来，这座寺庙因为年久失修，破败不堪。舒成龙随即令巡检张九松重修庙宇，同时新建亭台，清查寺田登记造册，此后寺院香火日益兴盛。

就在舒成龙流连于荆门的名山古刹，记录并修复名胜古迹时，一场大旱打断了他的脚步。

这年五月，正是插秧育苗的关键时节，而荆门境内却已好久没有下过雨，农民正为庄稼忧心忡忡。

周围几条大河远水解不了近渴，农户挖的堰塘储存的水也早已经见底。此时，除去向神灵求雨，别无他法，而求雨是地方官员的职责。在封建社会里，认为降雨是属于龙神所管辖。故当久旱不雨时，人们会祭祀相关的神明，举行祈雨的仪式，祈求降雨。

舒成龙自然是责无旁贷，他动手写好了祷告的文章，向神明呈递，希望通过自己的虔诚，为老百姓祈求普降甘霖。祈祷的地点，就选在荆门城西的白龙山上。白龙山前，有一座稍微低一点的山峰，名叫雨山，海拔大约百米，一直被荆门老百姓视为神山。

当时的人们观察到一种奇特的自然现象，每逢荆门城下雨的时候，云雾总是先在白龙山头聚集，越积越厚，等到云雾罩到雨山，荆门城便开始落雨，雨山之名因此而来。

相传雨山其南坡相当陡峭，坡底有个深潭，叫白龙潭。白龙潭边有泉有亭。亭叫寒亭，当时盛传潭里有一条能呼风唤雨的白色蛟龙潜伏着。因丘陵地带的荆门州经常遇旱，每逢久晴不雨的时节，人们就跑到雨山下，朝着白龙潭跪拜，灵验得很。后来，有虔诚信徒在潭水前修了一座霖苍观，可在明末时毁于战火。

那天，舒成龙一大早就率领众人登上雨山，正是前往白龙潭。此时，全州上下人人振奋，因为这次的结果是他们极为关心的事。

整个雨山来了好几千人，十分热闹。舒成龙跪在祭坛前默念祈雨，念完一段经，还不时抬头看看天色。说来也奇怪，舒成龙祷告后没多久，突然刮起一阵冷风，旁边的旗帜和长枪上的缨子都在风中飘动。天气也渐渐有了变化，乌云渐渐聚拢，天空开始昏暗。转眼之间，风势愈狂，竟尔飞沙走石，行人无法睁眼。舒成龙大喜，继续念诵祈雨文，没多久就听见远处雷声隆隆，片刻，一阵大雨哗啦啦下了起来，仿佛是有求必应一般。

大雨降落，荆门各地，普沾恩泽。这雨接连下了两天，真是来得及时，眼看已被晒得蔫巴的水稻又活了过来。最高兴的当然是荆门百姓，大家欢声遍野，纷纷歌颂起舒成龙的功德。这件事之后，舒成龙专门为求雨之事再度登上雨山，向神致谢，并承诺将毁坏的霖苍观重新修复，作为专门祈雨的场所。

没过多久，舒成龙兑现诺言，亲自主持修建霖苍观。同时，在白龙山的北峰筑起一座霖苍阁，在南边的雨山东坡筑了一座甘雨亭；又书写了“白龙神潭”四个大字凿在白龙潭边的崖石上。

当时这些建筑同时落成，红墙碧瓦，雕梁画栋，把雨山和白龙山本来就十分秀丽的景色点缀得越发妖娆。傍晚，夕阳的余晖映照在这些巍峨的庙宇亭阁上，浮云飞度其间，令人如见仙山琼阁。舒成龙一时间文兴大起，将此景称为“霖苍甘雨”。

不过，祈雨这个事也确实需要碰运气。后来，又有大旱，舒成龙又带着州民前往求雨，却不灵验。舒成龙并不气馁，一边继续到各个灵山、寺庙祈雨，一边积极思索应对之策。

这次的旱情范围比较广，荆门州受灾较为严重。好在舒成龙上报迅速，赈灾粮食运输及时，而且州内各粮仓储备较为充足，才让不利局面得到控制。舒成龙随即又将“按大口每日一升，小口折半”的赈灾放粮措施紧急上报，得到“允速行”的圣旨后，立即开仓放粮，竟然使得十万灾民得到救济。

尽管求雨不是每次都灵，但在很长一段时间，只要事有必要，舒成龙还是继续祷告。

他开始相信神明必然会竭其所能为人消灾造福。荆门州城东南西北门外，旧时分别建有“先农坛”“风云雷雨山川坛”“社稷坛”和“州厉坛”四座祭坛，这些祭祀场所也逐渐被他修整好，并手持文书颁发给各坛庙，用于各类祭祀。

他认为他的此种行动是正当无疑的，并且和大多数州民的意愿相符。

有一次，州署前一户民居起火。那时正值午夜，月黑风高、火光冲天，连州署都被映染成一片红色。现场情况混乱不堪，里面夹杂着人们惊慌失措的呼救声、哭嚎声、奔跑声。舒成龙闻讯而来，连忙督导众人紧急扑火。眼看着火势越来越大，他似乎想到了什么，顿时跪倒在地上，祈求老天降雨，扑灭这场火灾。事情的转折就是这么充满巧合，突然，一场暴雨骤然而至，原本跳跃的火苗顿时被浇灭个干净。暴雨中，人们纷纷跟随着舒成龙跪拜在地上，口中欢呼着“神明保佑”。

这些事情，让人们不得不惊叹，舒成龙似乎天生与水有着某种神秘的联系。他在荆门任上，很大一部分精力都用在治水和抗旱上。他犹如一场及时雨，总是出现在最需要他的地方。

第八章　荆门州志

一、矢志编志

舒成龙主政荆门期间，适逢乾隆盛世。中华民族历来有“盛世修志”的传统，清代康熙、雍正、乾隆三朝多次诏令地方修纂志书。从某种意义上说，这也是舒成龙创修州志的一种动力。

早在乾隆八年（1743年），舒成龙刚刚上任的时候，就在索求关于荆门州的史料和志书，但却无功而返。很多史料都已泯灭，侥幸留存下来的一些也是残损不堪，只有只言片语，没有完整的记载。

他有心在州内广泛搜集，才购得明朝荆门旧州志序文二篇。一篇是明初，州民李克俭所作，序里记录了当时州里管教育的官员——学正叶原瑛曾撰写了荆门州志书稿，但并未雕版印行。另一篇序是州民刘春所写，记载弘治十六年（1503年），知州韩公曾整理《荆门州志》，定稿并刻制了书版。然而这两个版本州志均没有流传下来。考其缘由，才知道州志散失由来已久。

“志书，为官者不可不写之书。”舒成龙下定决心要以编撰《荆门州志》为己任，他修志的意愿强烈而坚决。

可是编写《荆门州志》是一个系统而庞大的工作，如何具体实施呢？舒成龙初步拟定了一个确实可行的办法：先找好编写州志的场所，做好前期准备工作，然后广泛招募人才，进行编撰。

在沙洋修堤治水时，舒成龙对这里的风土人情了解得很详细。因为靠着汉江，水运码头孕育着这座集镇的繁华，吸引了南来北往的商贾来到这里。可相对于商业的繁华，这里的教育水平却显然低了一个层次。镇上只有一些参差不齐的私塾，连一所上规模的书院都没有。

虽然当时沙洋教育水平不算高，但历史上沙洋却是人才辈出，文人墨客众多，明清时期曾有十多位沙洋人在朝廷为官，不仅明代有李侃、黄点等贤士“宦业登诸史册，学业推重乡闾”，当时也有严钦谟、胡作梅等身居高位、享誉文坛。而其中最有名的当属宋代大文人朱震。

朱震，字子发，宋代著名的理学家。此人精通《周易》，著有《汉上易解》等著作，曾任翰林院大学士，为太子讲读官，人称汉上先生。

舒成龙寻思，沙洋区区小镇，能出这么多才华出众的人物，一定有其特别之处。他来沙洋视察时，专门到汉江边查勘地形，当亲眼看到那汹涌澎湃的汉江、繁荣兴旺的市场和川流不息的人群时，他找到了答案，沙洋乃是“汉水灵秀之地”。

到乾隆十年（1745年）春，荆门经过舒成龙两年多时间的治理，政事顺利、百姓和乐，各种荒废的事业都兴办起来了，舒成龙心中编纂一部《荆门州志》的想法酝酿已久，是到了付诸实施的时候了。

当时，清政府鼓励书院建设，并出钱资助各地建立书院。因此，沙洋的书院建设很快立项。院址选在汉江大堤上的关庙旁，通过加宽堤基后，再在上面建房。选送沙洋地区的优秀子弟到此读书，为国家培育更多的人才。

在舒成龙的亲自督办下，书院很快落成。为了纪念“汉上先生”朱震，舒成龙便将书院命名为“汉上书院”。

选择在沙洋修建书院，可谓是一举多得。一是解决沙洋教育基础设施薄弱的问题；二是这里毗邻汉江、山清水秀、人杰地灵，是一处做学问的绝佳之地；三是舒成龙多次在此地抗洪筑堤，留下了深厚的感情；四是他当时要经常在沙洋督办堤防建设，边治水、边修志，这样可以同时进行，两不相误。

汉上书院成立之始，广邀名师大儒，挑选有才之士。一方面传授儒家经典，另一方面注重品行培养。招收的学生，在经过考核后，还能领到一定的津贴。一时间，书院学风大盛、大家学习的劲头正如滔滔汉江之雄毅，就连清晨，学子们朗朗的读书声都能响彻江畔。

为了给州志编纂人员提供一个清新优雅的环境。舒成龙特地在书院内选了个别致的小院。院落里种满了花草和树木，更难得的是，几乎大多数房间都是临着江面。推开窗户，江风徐徐，江景尽收眼底，令人心旷神怡。

有了固定的场所，舒成龙随即开始组织编纂州志的人员。舒成龙的号召力是很强的。没过多久，编纂人员就已经初步到位：聘请黄冈孝廉周茂建、本州进士李光泗，明经陈鉴、胡克柔等组成编纂班底，着手进行调查、搜集、整理资料等前期编纂工作。

万事开头难，可这并不影响大家的热情。参与编纂的几位人员一边征求文献、考核资料，一边访问咨询新旧事实，几乎不遗余力。舒成龙也时常去视察、指导，参加重要段落的写作和全书的审定工作。

然而，作为一州之长，舒成龙大多数时间要忙于繁忙的政务。编志头一年秋天，他还被委派去督修武昌金沙江石岸。没办法，舒成龙只有通过书信往来互通信息。武昌城大，书店多，短暂的驻扎时间，舒成龙都不忘去搜集和荆门相关的历史书籍。

一天，舒成龙搜集到一本介绍物产的相关书籍，里面有荆门相关的部分，便连夜将相关资料用书信工工整整抄写下来，传递给书院。

又一天，他听说一位乡绅对天文地理很有研究，便专程上门请教，恳谈之下，竟聊到深夜还迟迟不肯离去。还有一次深夜，舒成龙忙完工作回来，灵光乍现、文思如泉涌，连夜将自己搜集和整理的资料形成文字。等到完成之时，已是鸡鸣时分，东方已经发白。

为此，在荆门州志序言中，舒成龙曾经写道："爰自乙丑（乾隆十年）之岁，即以纂修为己任，开局于沙镇之汉上书院；乃余之志从此锐，而余之力亦从此惫矣。"

二、好事多磨

编纂州志，注重体例严谨、资料翔实，讲究有因有创。舒成龙有他自己的一套见解："循故籍而增删者，主于因；若旧本无稽，立条规为纪载者，主于创。"大意是，既要遵循典籍史料，在此基础上去粗取精，又要根据当下的风土人情和现实情况，进行记载和创作。

而在当时，历史典籍上关于荆门州的记载比较少，甚至少得有些尴尬。这些是有历史原因的。在唐宋时，荆门隶属荆州；明朝时，荆门隶属安陆。所属管辖区域不同，这直接导致关于荆门的记载出现“荆州以非辖而削之，安陆以新辖而略之”的情况。

另外，明朝后期，荆门屡次遭受战火，许多文献和资料没能留存下来，都湮没在了历史的烟云中。

为了搜集更多更丰富的资料，舒成龙采取遍加征采的策略，凡有荆门残篇及家藏旧闻有关州志者，无论本境还是相邻地区，有言必录。

舒成龙的办法得到了许多州民的响应，大家热情很高。里长李司衡主动送来了一些关于荆门州官宦、选举、贤节的手抄本。这些手抄本虽然内容不多且残破不堪，水平也是参差不齐，但在舒成龙心里却是弥足珍贵。舒成龙不仅亲自阅读，还组织编纂成员逐字逐句审读，把写得好的内容，逐一整理誊抄下来，对于一些错误和讹传的内容，则是认真考究，从中提取准确而有价值的信息，存疑的地方则专门标注出来。

乡民曹皋言又搜集到了《荆门耆旧》《荆门旧闻》的手刻本，这两本书记载了不少荆门旧时的风俗，这也让舒成龙欢喜得不得了，他组织编纂人员抓紧时间整理消化，有时忙到深夜，仍在挑灯夜读。

舒成龙编州志的举动，也深深地影响着荆门的读书人，州内许多学子纷纷踊跃相助，大家捐出了许多典籍文献，有写人物的、写古迹的、写艺文的，光是种类就有好几十种。舒成龙安排人进行分门别类做好记录，完整的分拣整理出来，断简残篇的则用柜子装好，以备以后参考。

尽管编志是一项耗时费力的工作，可在舒成龙和周茂建等人齐心协力下，已经逐渐有了起色。然而好景不长，接下来出现的一系列突发状况，却令舒成龙始料未及。

先是周茂建、李光泗两人入仕为官的公文下来，需要即刻上任。舒成龙虽然有意挽留，可也不能耽误二人的大好前程，只好惜惜道别。再则，陈鉴家中年迈的父母身体染病，需要照顾。陈鉴是个孝子，向舒成龙请辞时语带哽咽，泣不成声。舒成龙也不好强留。

原来编志的主要班底，四人中竟然走了三人。剩下一位老先生胡克柔，也是力不从心。至此，州志刚刚才进入资料搜集阶段，编纂工作就因缺乏人手而陷于困顿。

舒成龙虽然心有不甘，却不得不接受现实的无奈。就在舒成龙失意的当下，又传来二弟舒仁龙去世的噩耗。悲痛交加的舒成龙只好暂停《荆门州志》的编纂工作。

从悲伤的情绪中恢复过来后，舒成龙立刻又开始重新组建起编纂班子。这次加入编纂的骨干力量是三位老学究，原汉阳县县丞王履泰和弟弟参军王石玉皆已年过花甲，老贡生魏光辉已是年近古稀。别看这三位老夫子年事已高，可每个人都是才学俱佳，编纂起州志来更是兢兢业业、一丝不苟。

魏光辉是荆门本地人，很是熟悉荆门的地理情况。接手编纂州志后，魏光辉几乎倾注了全部的心血，荆门山川之脉络，古迹之形迹，都是其亲自用纸笔描绘出来。而王履泰、王石玉兄弟二人则善于总揽全局，概述事物发展的全貌和特别，对于“述、记、传”等文体很是精通，选录大事、要事、新事等重要事项，总能简洁明了、客观公正。

有这三位老学究坐镇，舒成龙自然是省了不少心。他在给予三人充分信任的同时，也给予了足够的关心。魏光辉每次出门绘制山川地形，舒成龙都安排有专门的马车用于接送。有几次，魏光辉出门回来得晚了，竟发现舒成龙仍待在书院等候自己，感动不已。王履泰腰上疼痛是老毛病，不能久坐，舒成龙知道这一情况后，专门安排人做了张躺椅，方便其阅读和休息。

有了充足的后勤保障、良好的编纂环境，州志的编纂也逐步走向正轨。然而，三人毕竟都过了知天命的年纪，面对如此繁重的工作，身体难免吃不消。所以说，三人的健康状况成为舒成龙最为担心的问题。

舒成龙担心的事还是发生了。进入秋天，天气转寒。先是王履泰病倒了，后因病重医治无效而去世，接着魏光辉也倒下了。这一连串打击，使舒成龙心如刀割。

在舒成龙悲伤的泪水中，荆门州志的编纂工作因为三位满腹经纶的老学者先后去世而中断。为此，舒成龙心情极度烦闷，叹息不已，还因此大病了一场。

舒成龙这一病，竟足足休养了半个月，好在他身子骨硬朗，才没有大碍。病好后，舒成龙的内心仍是挣扎的，他的心中既包含愧疚，又充满自责，编纂州志虽然需要抓紧时日，可也不能太过于急于求成。

到了乾隆十五年（1750年），舒成龙聘请荆门籍进士古澧编纂荆门州志，已经是第三次组建编纂班底了。

古澧接手后，对前一阶段搜集的资料，进行了系统地整理和完善，州志的框架结构也开始初具雏形。然而好景不长，这年秋天，古澧被委任到陕西汉中郡做官，舒成龙只好再次放手，让这位骨干力量赴任去了。

编纂州志的事，再一次搁浅了下来。舒成龙纵使心中有千般不愿，也不得暗自叹息。这究竟是一波三折？还是好事多磨呢？

三、以“志”明志

编志的事推进得举步维艰。

从乾隆十年（1745年）正式开始到乾隆十五年（1750年），五年多时间，编纂州志的人已经换了多次，其任务之巨、困难之大，可想而知。虽然舒成龙倾注了很多心血，可效果并不明显。

这些年，除了编志一事暂时心愿未了外，舒成龙在荆门任上可谓是政绩卓著。建学校、修粮仓、兴水利、起堤工。每一件事都关系到百姓的安居乐业。他曾这样感叹道：“方王事倥偬，工役烦仍，俗吏劳劳，日无宁晷，又岂得偷闲案头，自为考校？”

作为一州之长，政务纷繁迫促，还有各种各样的工程要去负责，哪里有空暇的时间在案头编纂州志呢？

情形就是这样，可以肯定地说，每每想到州志还没有完成，舒成龙就总感觉心里横着一堵墙。

当然，他有时也会感到力不从心，毕竟已经年过五十，到了知天命的年纪。然而，这种灰心和沮丧很快就被他坚强的意志力驱逐得烟消云散。

舒成龙时常暗自给自己鼓劲，并立下“坚欲纂成”的誓言，以此明志。其间，他的第三个儿子出生，舒成龙亲自给他取名“其维”，蕴含坚持、保持的意思。遇到困难就半途而废，不是舒成龙的风格，不到达成功的彼岸，他的心里是无法释怀的。

乾隆十五年（1750年）夏，舒成龙升任广西平乐府同知。

升了官本来是件大喜事，可舒成龙心里却是五味杂陈：“州志没有编好，怎能只想着自己的前程而半途而废？”

思量良久，舒成龙提笔上书申奏朝廷，《荆门州志》编纂未果，希望能够继续留任荆门编纂州志。亲朋好友为他放弃这次升迁的机会而可惜，他却不以为然："为官者做得好不好，百姓心中有数。但我心里明白，就算一时得不到升迁提拔，但能收获一方百姓的拥护与爱戴，也是值得的。"

果然，舒成龙上书留任继续修志一事在州内传来，百姓纷纷拥护，大家联名禀呈挽留。最终，吏部批准了舒成龙仍留荆门主持修志。

继续留任，让舒成龙能够继续完成他修志的心愿。可寻找得力的编纂人手，仍是摆在面前最大的困难。

事情的转机来得有些突然，可谓是车到山前必有路，柳暗花明又一村。舒成龙于这年冬天回任丘老家迎父就养。也正是这次回乡之旅，让他有了更多意外的收获。

同乡李法孟，学识渊博，为人严谨，原任广西泗城府西林县知县，如今因丁忧守孝在家。早在青年时代，舒成龙就与李法孟相熟，两人互相仰慕，结下了良好的友谊。此次回乡老友再聚，更是聊得兴起。舒成龙向李法孟介绍起荆门，说出自己编写荆门州志的经历和一波三折的遭遇，居然打动了李法孟。原来，李法孟在任时，早有编纂一部志书的想法，却因为种种原因没能达成。

两人志趣相同，越聊越兴起，竟彻夜未眠。"编写州志是一件功在当代、利在千秋的事。"当舒成龙诚恳地向李法孟发出邀请时，李法孟爽快地答应了下来。两人约定，等李法孟忙完家中诸事，即起程前往荆门。

等到李法孟来到荆门开始编纂《荆门州志》，已经是舒成龙第八次组织编纂队伍。

舒成龙还专门聘请博学鸿词、会稽名士陈荣杰与之搭档。

这次编纂的队伍比以往更加庞大，舒成龙积极调动力量。州衙门内从州同到各吏目均负责采集、提供资料，州以下5个巡检负责调查考证，包括编辑、抄录、校对、绘图、制版在内共32人，其中担任过知县的三人、举人二人、进士二人、贡生四人，其他多为生员（秀才）。

安陆府知府张世芳也在舒成龙最需要帮助的时候雪中送炭，专门拨出一部分银两用于修志用。

“此乃荆门修举废坠第一要事，非子孰待？”张世芳鼓励舒成龙，希望他克服困难、再接再厉，一定成功。

有了天时地利人和，舒成龙一鼓作气。他再发征引、广事搜罗，凡家有一编半简的，都要借阅。凡记得有关州史只言片语的人，都要陈说。舒成龙组织编纂成员又从汉、唐、宋、元诸史，和省、道、府诸志中辑录史料，无不列举，将前编数稿和残编旧闻，互相考订，从而核其疑似，列其标准，详其品目，力求“宁质毋文，宁约毋奢”。

乾隆十八年（1753年），经过一年多时间翔实而慎重的编纂，《荆门州志》内容已经完成大半。舒成龙亲自为《荆门州志》写了总序和三十六篇小序，重点地方还加了按语。看着堆积如山的各类资料和文集，他仿佛已经看到了功德圆满的那一刻。

好事接二连三。夏初，各省总督和巡抚保举官员，湖广总督以舒成龙“历官楚北、著有贤声”专折保举。六月，舒成龙入京师到吏部面试，记名以知府用。

面试完毕，因为记挂着年迈的父亲，舒成龙顺道回了趟任丘老家。人在途中，舒成龙就陆续收到了荆门各界人士的祝福，这些祝福言辞恳切，包含着荆门百姓对舒成龙的浓浓情谊。

难得回一趟家，父子两人有说不完的话。“汝前推升同知，荆人保留。今又为予致祝。众民固以恩感者也，当更勉之。”舒父很关心成龙在荆门为官的情况，连连嘱咐成龙，要对得起百姓的爱戴，为官一任，造福一方。舒父还特别问到州志编纂的进展，两人这样谈着话，一直到吃晚饭时才停下来。然后，他们走出屋子，在屋前那棵大槐树下共进晚餐。父亲特意要人做了白洋淀的鱼、咸鸭蛋和荷叶粥，这些都是舒成龙最爱吃的家常菜。

拜别父亲，舒成龙即刻赶回荆门。知道自己即将调任，此时的舒成龙心情迫切，他必须赶在调离前将《荆门州志》编纂完成，交出一份令人满意的答卷。

又是一年寒来暑往。直到乾隆十九年（1754年）九月，这部倾注了舒成龙毕生心血的《荆门州志》终于大功告成。

自乾隆十年（1745年）开始到乾隆十九年（1754年）编成，真可谓是十年修一志，这其中的艰难困苦、遭遇的种种变故，激荡起舒成龙内心的波涛。

编志完成后的某一天晚上，舒成龙特意摆了几桌酒席，是为庆功。月朗星稀，微风轻拂，舒成龙惬意地向大家频频举杯，喝得酩酊大醉。在席上，他还兴致勃勃地诵读了一首自己的诗：“前贤芳躅在，留得古亭台。及此追先哲，何难继后来。雄飞应直上，壮志莫轻灰。闻说麒麟阁，诸公尽异才。”

四、功德圆满

舒成龙主编的《荆门州志》，可以说是荆门历史上首部完整的州志，为荆门留下了浓墨重彩的光辉篇章。

为什么要修《荆门州志》？志如何修？要编成什么样子？舒成龙既是顶层决策者，又是亲自躬行者。要知道，之前并没有荆门志书的相关底本，参考资料也是零星而散碎。

志书是资料性著述，资料是志书的生命，是编好一部志书的基础。《荆门州志》尤以资料系统、翔实著称。为了搜集完善资料，舒成龙“于是遍加征采，凡有荆门残篇及家藏旧闻有关州志者，无论本境邻封，有言必录”，把搜集真实、准确、系统的资料看作整部志书编纂工作的根本。

为了保证志书的质量，舒成龙把关很严，对于资料的来源，大多采用第一手资料，包括各种档案中的记录、调查材料等，再就是选取一些正规典籍关于荆门的记载，或是亲历者的记录、碑文资料等。

为了使志书内容规范，重要的内容不至于遗漏，舒成龙和他的编纂团队多次核立条规，对每一项内容必须记载什么，如何记载，都作了明确规定。例如“城池”，规定要记载什么时候兴建，什么人增筑，有碑文的要记下碑文，城楼、吊桥都要有记录。“税粮”“贡赋”“户口”等，除要求记载具体的情况外，还必须“详其数目”。

以舒成龙为首的编纂人员用严谨的态度，反复考证、核实，去伪存真，去粗取精，有错必纠，有漏即补，有疑则考，尤其对资料中的时间、地点、人物、数据、引文等逐一核实、求证准确。这些我们可从州志的“序”和“例言”中窥见一斑。

可以说，《荆门州志》不仅认真考察了前人的做法，而且仔细研究了当前的情况，从而决定哪些应该弃取，哪些又要加以创新。

全书三十六卷，每一卷中，都体现着舒成龙的思想和智慧。

大量运用“图经”，是整部荆门州志的一大亮点。舒成龙在组织编纂星野、地舆、疆域、城池、官廨、学校、名山、古迹等卷时，大胆使用图片。这些由善绘之人手工绘制的精美图片，和志书中文字搭配在一起恰到好处、相得益彰。不仅盖访古人“左图右史”之义，而且使得观者“披图一览，远近如在目前耳”。而在编纂封爵、官师、选举等卷，则选用了诸如世表、年表类的大量表格。用图表的形式，将原本纷繁芜杂的内容，按时间顺序清晰呈现，使读者看起来更加直观。

《荆门州志》卷一是建置沿革，对此舒成龙格外慎重。他对编纂人员强调说，“建置沿革是全书的根据，一定要慎之又慎，容不得半点缺漏或错误”。在编修时，舒成龙要求大家先列表以立其准，列出历代地名的异同，然后再根据相关典籍和资料进行佐证。对于模棱两可、没有根据的内容，宁可不用，也绝不牵强附会。

卷二星野篇，其实是编纂团队中的短板。古代社会认为地方各州郡邦国和天一定区域内的星次相对应。就天文说，称为分星；就地面说，称为分野。在星野图上，荆门属于“翼”星座。古语有云：翼火一度映荆门。而关于星野的知识，一般儒生学习甚少。如果引用错误，反倒会贻笑大方。为此，舒成龙组织编纂人员博采群书，附以证考，并为此专门在卷后附上了《翼度证考》予以说明。

编纂地舆、形胜、疆域等卷，虽然相关内容原来已经有轮廓或界限的清晰区分。但舒成龙并不一味地照本宣科。在担任荆门知州的十余年时间，他在巡历乡村、查验案件的过程中，常常“亲历其地，细为咨访，咸得确实”。

在绘制州境全图的同时，他命人将村庄的图片一并绘制出来，注列详明。各图中标明应纳银、米及庙宇、桥梁、集场等内容附在其后，整个州的情况，都一目了然。

在第六卷山川的编写中，舒成龙参考了许多以往的资料。他研究得很深入，往往能一针见血地否定某些资料的不足：“各志山川，伦次不一有先列名山大川而后及小阜支流者，有止论四方而不分远近、错杂互见者……”同时，又能找出一些好的样本让大家学习。“惟《荆南道志》分四正四隅，由近及远，最为得体。”

对于卷十八宦迹、卷二十一乡献。舒成龙审看以往资料后认为资料中“讹错者甚多”。宦迹中，有没在荆门为官的官员被列入，也有在荆门为官却因为某种原因没有被记载。舒成龙对此逐一循名核实。“至忠义、孝弟及节孝祠，亦止列案册可据、诸志可凭者，无案可稽，不敢滥祀。”

对于乡献，舒成龙认为乡献为一郡之望，最当慎重，卷中仅核列数人而已。对于这些有名望的乡贤，卷中详细叙述了其德行，供后人瞻仰。

“诸志人物，俱汇一门，兹分为各类，先乡献，次忠义，次循吏，次孝友，次文学，次武功，次懿行，附耆寿，次隐逸，次侨寓，次仙释，共为十门。非舍简而求繁，实分类而核实也。各列目于前，以便检阅。”

《荆门州志》采取的资料十分详备，并吸收某些文献的长处，将所引的资料一一注明出处。如果资料有谬误或已和当前情况不符，就另外加按语说明，使后人使用起来既方便，又可靠。

“风俗、物产，概从其实，不敢侈张以炫耳目。官师，无论贤否，例得备书。其卓有政绩可考者，另有宦迹小传。无考者，未敢滥加称美。进士、举人，俱按某朝某科分列表内，曾任何官亦注其下。副榜亦列于举人内，以有科可稽也……”

在《荆门州志》的例言中，舒成龙基本上对每一卷的内容和编纂经历都进行了简要阐述："文庙祭祀，典礼最重，武庙从之，盖礼乐制度、祭器祭品、仪注乐章与别祀不同也。其名宦、乡贤、忠孝、节义等祠，原近学宫，一并列入学校。"

荆门城池、文武庙、官廨、三闸、二桥、三仓、四驿、隍庙、书院久废，成龙莅任十余载，次第修建。至三台八景及古迹名蓝，悉为修举。统计所捐廉俸一万数千金。即堤垸诸工，领帑修筑，亦期一劳永逸。十年岁修，俱系自捐。今将各案俱附本条之后，虽不敢言百废俱举，然废弛之诮，吾知免矣。

赋役，全书头绪纷繁，无容细入。今止书原额、成熟实征银米、一应起解存留确数，庶一目了然，可省稽核之烦。

戎制，诸志多分见各条之后。如武官，即附于官师后，兵制，多附于防守后。兹独另为一表，备列武官、兵弁。粮饷、塘汛，以次列焉。总期一览无遗，不使西搜东索。

方伎、仙释，俱详考各书，存其确有可据者，荒诞无稽，一概不入。

文苑止载名贤杰构，一切凡笔不敢滥登。然必实有关于地方者始为采入，前亦有目。

祥异，本天象地气，而水火兵戈之事应焉，人皆忌讳不书。不知畏天勤民，正可取以示警。今俱照省、郡各志录入，庶几知所修省云。

《荆门州志》全书约25万字，图百余幅。分历史沿革、地舆、星野、疆域、形胜、山川、地域、古迹、文苑等36卷、54个栏目，7篇序言。州志纵览历史几千年，横贯荆门数百里，融政治经济、文化教育、名胜古迹、风土人情、地理风貌等于一体，全方位、多视角记录了荆门五千年的文明史，是一部荆门的百科全书。

第九章　大德知州

一、兴文重教

在荆门知州任上，舒成龙致力于兴学兴教、礼贤育才。他脑海中“忠孝教之本，经书学之基”的思想根源很深。

荆门州旧有文庙，在凤鸣门内，是祭孔、尊孔以及办学的庙堂。文庙里有学宫，是当时荆门的官办高等学府。有记载说，“荆门千山万壑，而学宫据其胜”。说的是学宫地理环境优越，风景是荆门州最好的。

不过自明朝以来，文庙却历经战乱、饱经风霜，多位知州进行重建或维修才得以保存下来。舒成龙治州有方，对于这样一处学习经学、产生良好施政措施的根源之所，自然是大力支持。

修建文庙是个大工程，整个过程大概持续了五六年时间。庙区红墙灰瓦，殿宇规模宏敞而布局庄严，内涵丰富而层次井然。

学宫里的布局呈对称布局。进入内院，正前面是泮池。泮池是一个半月形的小池塘，中间架小桥。因周天子宫前的池塘是圆形，而诸侯的池塘只能有一半，“泮池”由此而来。古时候，新生员入学，要经过泮池，到大成殿去拜孔子，然后到儒学署拜见教官，这种入学仪式称为“入泮”。

文庙于乾隆十五年（1750）完工，舒成龙先后捐银就达一千多两。几年以后，他又同意对州内十字街北的武庙进行了扩建。武庙供奉着武圣关羽的塑像，头门内还盖有一座大戏楼，成为人们祭拜关公和经常活动的场所。自此，荆门文庙与武庙一起兴盛起来，象征着荆门文昌武盛。

不仅仅重修文庙和武庙，荆门境内影响深远的三大书院，也是舒成龙那时的杰作。

舒成龙任知州后，一直对书院的事情很上心。乾隆十年(1745年)，他在沙洋创修汉上书院，有了一个良好的开局。

汉上书院内建有北楼三楹，名“观澜楼”。东西厢房各三楹及耳房，设讲堂、教职工宿舍、学生宿舍等，共花费了1500两白银。书院选拔培养一些有前途的学生，并发给一定的津贴。

修建汉上书院可谓是一举多得，既解决了沙洋教育基础设施薄弱的问题，又为编修荆门州志提供了便利场所。

乾隆十九年（1754年）春，舒成龙又开始谋划，在荆门城西象山东麓修建龙泉书院。自从乾隆十一年（1746）年，他在象山蒙、惠泉之间觅得龙泉后，便有了建书院于龙泉旁的打算。

龙泉书院是舒成龙在荆门建设规模最大的书院。书院依山傍水，环境清幽，实在是教书育人的风水宝地。书院四月动工，历经八个月的工期，于年底落成。凡楼堂、门庑、斋舍、庖库之类，靡不毕具。

为什么会修建这座书院呢？舒成龙在《龙泉书院碑记》中言明原因：象山是灵秀之地，出了很多仁人志士、富有才识之人。宋朝时期这里曾走出过很多名人，无不耀于史册。他考察过荆门志书发现，在东山有孙氏的东山书院、象山有陆九渊所设的讲经台，这些都随着时间的流逝而消失。况且荆门人文渐渐兴起，教育也呈现兴旺之势，修建书院也是大势所趋，乡绅们也建议修建书院，于是捐献资金把书院修建而成。

建书院过程中，舒成龙初捐的“二千金”，计划用一千金来支付修建所需各种费用，一千金存入钱庄，作为书院运作资本，补助师生生活。但是在修建过程中，资金出现了短缺，于是舒成龙把当初捐献的“两千金”都作为了工费，这样一来，书院运作的资金出现了空缺。当时荆门地方乡绅对书院的建设是处于积极支持的态度，所以这些乡绅捐献了“一千金”作为书院的运作资金。但是舒成龙没有想到的是，“两千金”作为书院修建经费，还是不能把书院建成，所以乡绅们捐献的“一千金”又充作了建设书院的“工程款”，舒成龙自己又掏“腰包”捐献了“五百金”，这才使得书院得以顺利完工。书院建设后，维持正常运转每年大概需要“五六百金”，舒成龙拿出“一千金”作为本金，交给“典商”生息，以当作书院运转资金。

落成后的龙泉书院，题名“龙泉”，以期学子们求精探微，开拓创新，早成栋梁之材。书院最初的布局仅有一处，地基宽大约九丈，长有二十四丈左右。

从龙泉书院大门进入后，内为讲堂，名叫育德堂，附有六间耳房。讲堂之后是启秀门，门内坐楼叫尺木堂。书院东斋有四楹，叫“敬业”。西斋跟东斋一样布局，也有四楹，叫“乐群”。

后来，地方乡绅觉得书院之地有些狭隘，就请示舒成龙是不是把书院东边的一块地方也纳入书院之所，舒成龙答应后，拓地二十一丈，作园。这个园子分二所,叫作“荆园”，以荆门人士之乐成也。

书院落成后，首批招收州内学员67人就读。一经书院培训磨炼，其学业初见成效。第二年夏天放榜，就有9人考中秀才，成为县学生员；有3人经过考试取得廪生资格，享受廪膳补贴，为书院增了光彩。

龙泉书院创建后不久，远在州南沙洋马良的地方绅士联名，多次请奏在马良修建书院。沙洋马良，因为马良山而得名，而马良山古称内方山，书院就指山为名。

修建书院，舒成龙当然应允，并带头捐一百金，地方绅士凑集两百金，院址选在云雾观侧，院向东，不日选购木材砖瓦，在市井上请来工匠，工期3个月，学堂、书斋、厨房、房舍共计14间。舒成龙为书院作序，题写匾牌“内方书院”。

为追忆三国蜀汉名臣马良在此读书，在书院门前建有白眉亭，可拾12级而上。马良兄弟5人，名字里都有一个“常”字，马良字季常，在兄弟5人中名气最大，因为他的眉毛中有白眉毛，乡里人叫“马氏五常，白眉最良”。荆门州东南众多贤士，心中仰慕马良，唯恐自己不能选拔进入这所学院学习。

内方书院大堂正面挂着河北任丘人李山所书“逊敏”二字校训。据曾任内方书院院事张增健所记载：四方来此（内方书院）“弦、诵”者23人，厨房饮工2人，早晚会餐皆叩小钟，到夜晚掌15盏灯夜读，三更熄灯，歌声出户，传向四方。当年内方书院老师的俸禄所需从荆门龙泉书院舒成龙倡捐的师生生活津贴中列支。

二、忠驱义感

荆门，当年在舒成龙的治理下，亦如今日这般美妙。崇尚礼法、讲究孝道，民心为忠义所驱使，为正义所感召。

乾隆十六年（公元1751年），年过半百的舒成龙仍督修在建设工地上。这一次他亲力亲为，只因为修建的是“升天塔”。

五年前，舒成龙组织重建荆门州署，从地基下挖出数百具遗骸的场景，至今仍历历在目。明崇祯末年（1644年），李闯王的兵马攻打荆门城，守将代理荆门知州卢学古与州同沈方，竭力守城，英勇就义。而学正张效芳、训导程之奇率诸生二百余人于文庙歃血为盟，一起辅佐守城。后来，荆门城被攻破，这些人面对威胁都不屈服，惨遭屠戮而亡。

虽说当时这些忠义之士的骨骸被舒成龙收敛厚葬，但是每每想到这些精忠报国、赴难捐躯的烈士，他都难掩心中的崇敬与激动。

在当年埋葬这些义士的地方，舒成龙修建了一座高塔，塔高六丈有余，周围八方，顶盖筒瓦、脊吻、兽头、走马，八角按响铃等，上供天后，以镇水口，中塑地藏，以安忠魂。塔落成后，舒成龙亲笔题字，名曰“升天塔”。随后，塔旁又修建了祭坛，供人们祭奠。

“古人忠贞大节，凛冽万古，莫非正气所磅礴。”升天塔的修建，在荆门引发了人们凭吊义士的风潮。大家纷纷建议，“允宜崇祀于千秋，方慰忠魂于万古”，要给这些忠义之士修建祠堂。这一建议，很快被舒成龙所采纳。

不知是对象山情有独钟，还是舒成龙有意为之。这次全忠祠的选址又选择在象山脚下，左边傍着龙泉书院，右边依偎着泉水楼亭，前面对着陆夫子祠，后面靠着老莱子山庄。这种景物的布局，倒是和杭州西湖的岳王庙可以相媲美。

全忠祠内，中间塑着卢学古的像，旁边塑着沈、张、程三公。诸生可以考证出姓名的一百七十人，牌位分别列于下面，没有姓名的则虚立其位。这些塑像和牌位都用石头刻制，以图长久。

过了不久，舒成龙又上书请求将这些人忠义的事迹，记录到《荆门州志》。得到回复后，他又根据公众的请愿，亲自执笔写了《全忠祠碑记》，并附录《全忠祠详案》，通过学校的文书进行转载，让更多人了解这些忠义之士的事迹。

自从有了龙泉、修建了书院，多了这么些忠义祠堂、亭台楼阁，象山就逐渐变得热闹起来。文人墨客聚会喜欢选在这里，老幼妇孺出游也喜欢来这里。因为人气旺了，一些小的货郎也挑着担子在山脚下叫卖。除了时令水果，最畅销的一种小食名叫“太师饼”，是一种茶花点心。

关于太师饼，有一段和陆九渊有关的佳话。相传陆九渊深受朝中老太师的器重，每次进京，老太师总要邀请他到府邸，一边品茶，一边吃糕点，并探讨理学方面的问题。离开京城时又馈赠宫廷的膳点，让陆九渊带回荆门，分赠他人。京城太师最常赠予的是茶花点心，陆九渊非常喜爱，除自己品尝外，还常将这种点心当作礼品送给自己的亲朋好友。当时荆门文人志士深知陆九渊喜爱吃此饼，又出于对他的敬仰，特请店铺名师仿制，然后再回赠给陆九渊。因当时陆九渊名气很大，物以人传，致使“太师饼”得以在荆门广为流传。

荆门人对陆九渊是很有感情的。有歌颂之：“巍巍象山，夫子之英；混混清泉，夫子之灵。道气所蕴，百世如新……”

舒成龙时常到象山下散步，绕着山脚走一圈，掬一捧龙泉的水洗脸，似乎整个人都忘记了疲惫。每当听到这首歌颂陆夫子的歌时，他都会驻足聆听。他何尝不是和陆九渊一样的理想，为官有为，造福百姓。

南宋绍熙二年（1191年），荆门知军陆九渊看到当地民风闭塞，习俗鄙陋，崇尚求神拜佛，迷信“因果报应”，便在讲经台上盖了一座亭，宣讲理学。听众往往有好几百人。听讲的人如有提问，陆夫子都一定答复；如有疑难，也都作出解释。荆门城，在当时有一个惯例，每逢正月十五的“元宵节”，州官总要设坛打醮，祭祀鬼神，说是为州城黎民百姓祈福消灾。陆九渊来后，在元宵节专门宣讲《尚书·洪范》中“敛福锡民”的章节，用来取代打醮祈福的迷信活动。这样，荆门城的陈规陋习得到整顿，社会风气明显好转。

历经了元、明两代，到了清代初年，讲经台和亭早已荒废，连台基也湮没了。乾隆十九年（1754年）春，为了缅怀德高望重的陆九渊，舒成龙特地在象山南岭半山腰的一处平坦台地上，砌台筑亭，亭上悬“敛福锡民”的横匾，亭后的山崖凿了“讲经台”三个大字。

这是继修建陆夫子祠之后，舒成龙再次顺应民意，为纪念陆九渊兴建的又一座文化教育场所。当年夏天，亭台筑起，太守张世芳路过荆门州，特地来到象山观看，并高兴地为这座新亭题名“仰止亭”。所谓“仰止”，是勉励荆门的州官应像陆九渊一样，多为百姓办事。

讲经台曾有一块陨石，叫作落星石，传说是陆九渊病逝前几月从天外飞来，有人认为，当年天上陨落巨星，就是陆九渊逝世的凶兆。这颗大石在舒成龙凿得龙泉，淘洗泉眼时被发现。于是，舒成龙请人在陨石上刻“落星石”三个大字，又在旁边添刻陨落的年月。并把巨石运上山腰，置放在讲经台上，以纪念陆夫子。

三、三台八景

荆门如同舒成龙的第二故乡，对这座城市的爱，不只是湖光山色之美，也不只是由于荆门日益繁华的街道、熟悉的建筑，也是由于他和荆门人的感情融和。

他把一生中最好的年华留在了这里，也为这座城市的后人留下了一份最为珍贵的礼物——“三台八景”。

“三台八景”，是舒成龙在一些名胜古迹的基础上，融合古人记载，又经过自我创造和归纳总结出的、具有浓郁荆楚特色的景致。

三台即：凤凰台、讲经台、读书台；八景即：霖苍甘雨、老莱山庄、龙泉十亭、西宝昙光、唐安古柏、南桥塔影、带河金虾、长春丹井。

有了重建讲经台、老莱子山庄的成功经验，一个清晰的荆门文化景点的打造与开发，由最初的构思转入实质性的建设中。

凤凰台早在隋朝便已作为皇后行宫，“引天下人注目”。新建的州署就建在凤凰台上，已经是一处宏伟的景观。

修建读书台，要从东宝山北侧的东山书院旧址说起。北宋年间，闻名全国的“荆门三凤”：孙何、孙仅、孙侑，曾在东山书院埋头苦读。孙何、孙仅考中状元，孙侑也中了进士，三兄弟均成为北宋的良臣和名士。东山书院左边是东山宝塔，右边是青龙观，居高临下，俯瞰荆门城郭，又出过不少英才，所以远近闻名。

舒成龙修建好龙泉书院后，觉得东山书院过去曾培育过不少学者名流，不能让这座书院的遗址长期荒废埋没，所以在乾隆十九年（1754年）春修复讲经台完工后，在东山书院的原址兴筑了读书台，为荆门历代学者名流树碑立传，以便激励后人潜心读书。

读书台与州署的凤凰台、象山的讲经台一起，鼎立荆门古城，并称“三台”。

至于“八景”，则充满了更多的文人气息和浪漫主义色彩。

“甘雨霖苍亭阁焕，山上垂云山下雨，从此苍生不忧旱。”说的是八景中的“霖苍甘雨”。舒成龙多次在白龙山求雨，十分灵验，于是改建原来的白龙观为霖苍观。后来，又筑起一座霖苍阁和甘雨亭。当时这些古建筑同时落成，红墙碧瓦，雕梁画栋，把白龙山本来就十分秀丽的景色点缀得越发妖娆。傍晚，夕阳的余晖映照在这些巍峨的庙宇亭阁上，浮云飞度其间，令人如见仙山琼阁。

老莱山庄，是舒成龙为了纪念二十四孝代表人物老莱子所建，为旧时老莱子隐居养亲处，文化内涵丰富。在当时，老莱山庄已是大众所熟悉。一些诗人墨客吟咏老莱山庄的古诗留存至今，寓意深刻。

龙泉十亭，是对龙泉一带的诸多古建筑所组成风景区的统称。如果说荆门城是一条翱翔九天的巨龙的话，那么蒙、惠、龙、顺四大名泉，就是这条巨龙的眼睛。在四大名泉中，尤以龙泉的风光最甚。舒成龙开凿龙泉后，重修和改建了众多的亭台楼阁，这些美景朱碧相映，依偎在美丽的文明湖畔，掩映在绿树丛林之中，奇趣无穷。登高一望，这些亭楼各有千秋，又浑然一体，仿佛是一幅秀丽的画卷。

在荆门除了远近闻名的象山，还有两座名山，分别是东堡山和西堡山。这两座山巍峨耸立，被古人比作荆门城的左腋与右肩。西宝山南坡下有十八个山嘴从西向东罗列成半月形。这十八个山嘴奇形怪状，各有各自的形态，细细看去，好像十八尊罗汉，日夜守护着西宝山，所以这里又被称为十八罗汉坡。

这里经常会出现一种奇异的自然景观：每当盛夏季节的午后，雷电挟持着一场暴风骤雨咆哮远去，盛气凌人的酷暑热浪躲得无影无踪，西宝山四周茂密的林木绿得简直要冒出油来。这时天空已是一片晴朗，荆门城上空悬着一座鲜丽夺目的彩虹桥，红艳艳的夕阳依依不舍地吻着西宝山头，晚霞聚合在山岭层空，宝色迷离，瞬息万变。加之有山下的十八座“大佛”烘托，恍若佛教神话中描述的西天极乐世界的幻景展现在人们面前。荆门八景之一的“西宝昙光”由此而来。

唐安古柏的美景，也在象山。唐朝时，得道高僧莱公禅师在这里修建了唐安寺，并在寺前种下两株柏树。舒成龙任知州时，当初幼小的柏树早已长成参天大树。可惜的是，只剩下孤零零的一株。这株千年古柏根深干粗，指宵插汉，枝叶扶疏，滴翠葱茏。舒成龙修缮了这座寺庙，把寺内佛像装点一新，并在古柏四周，构筑玉石栏杆加以围护，傍着柏树又竖了一块石碑，刻了“唐安古柏”四个大字，将“唐安古柏”的美景保存了下来。

八景之一南桥塔影，是舒成龙的又一得意之作。塔影桥是舒成龙建造的，它遥望着东宝山上的东山宝塔。每逢良宵，皎洁的明月冉冉升起，从高耸在东宝山顶上的宝塔背后探露出来，把银光洒满荆门古城。每当月光移动，宝塔的青影便穿过塔影石桥的桥孔，落在溪流上。随着波光闪动，塔影便似一条苍龙快活地在追波嬉戏。此般景致，真是妙不可言。荆门州知州舒成龙在一次南郊劝农活动后，晚上回归州署，路过此地，见小溪中清光袭襟，塔影活活，不禁大呼奇妙，便提笔写了“南桥塔影”四个大字，让工匠刻在石桥上。塔影桥便因此得名，南桥塔影也因此而来。

带河金虾的美景，和荆门城内一条河息息相关。荆门郊外的雨山南侧有一口堰塘，名天心堰。天心堰收入数股山泉和终年的雨水，却没有外排溢水的渠道。每当堰塘满溢时，水漫进荆门，以致城内里外是沼泽、杂草、蚊蝇滋生，环境卫生很差。

明代时，一位州官率领军民穿越城墙凿出一条河渠，引天心堰进城，排入护城河。这条河渠在城内曲曲弯弯，像一条彩带，所以名叫带河。这么一来，古城内有了一条自西向北的河渠，既可排天心堰漫进城的害水，又可排城内生活废水，极大地改变了古城的环境卫生条件。每当早晨太阳升起，带河波光粼粼；夜幕降临时，河里游出一种金黄色的虾群，立岸看去，好像点点萤火闪烁在水中，这就是“八景”之一的“带河金虾”。

后来，带河年久失修，刭眼阻塞，河水四处漫溢，导致了清朝乾隆九年（1744年），几十处城墙浸坍，民房坍塌无数，成了一场灾乱。随后，荆门知州舒成龙再度发动州城军民彻底整治带河，挖深、拓宽各五尺，并在河岸用砖石砌筑护坡。从此，带河恢复水清流畅、波光粼粼的原貌。

八景中的“长春丹井”，是南宋年间道人邱长春在道院中炼丹制药用的一口井。长春道人宣扬道教敬天爱民、清心寡欲的哲理，信仰他的门徒众多。他炼制丹药为人施诊，治好不少病人，因此，这座道观香火日益鼎盛。明朝时期，人们在邱长春炼丹时所用的水井中，取水服用，也收到治病的疗效。所以丹井更加闻名。之后，长春道院改称玄妙观。舒成龙修葺了玄妙观，在邱长春用过的丹井四周砌筑台基，保存了道院中的碑记。这便是荆门古迹中“八景”之一的“长春丹井”。

四、政绩斐然

从乾隆十一年（1745年）开始大兴建设，一直到乾隆二十年（1755年）舒成龙从荆门知州上离任。这十年间，可以说是当时荆门日新月异的十年。办学校、固城池、建州署、修驿站、复粮仓、兴水利，每一件事都进行得卓有成效。他总是心怀百姓，用几乎赤子般的热忱，希望将荆门塑造得更好。

他为人正直、居官清廉，用自己的德行和能力，解救黎民于水深火热之中，深得百姓爱戴；他改革积弊、打击贪污，以整治征收赋税的小吏贪腐为突破口，严惩贪官污吏，使得荆门风清气正；他发展生产、兴修水利，抓住荆门山区多旱、湖区多涝的“痛点”，凿堰挖塘、种粮植树，率民祈雨、筑堤御洪、使得百姓安居乐业；他整饬民风、立德树人，针对当时州内民风差、治安乱的局面，广泛发动全州“老成敦朴、通晓文义”的乡贤，果断开展广泛的道德风尚大讲堂，短短三年时间，荆门民风由“劣”到“淳”，州民再不需要因担心盗贼而把门窗关得严严实实；他重视教育、振兴文化，从此荆门有了汉上、龙泉、内方三大书院，培养出了一代又一代莘莘学子，也有了闻名遐迩的龙、蒙、惠、顺“四泉”和流传至今的“三台八景”，这些都成为荆门历史文化的重要组成部分。

从某种意义上说，成功编纂《荆门州志》是舒成龙对于荆门最为杰出的贡献。这部志书不仅在当时意义重大，对后世也有着深远的影响。如今，这部传承下来的《荆门州志》，作为一部优良传统教育的教科书，成为舒成龙留给荆门人民的一笔宝贵文化遗产。

舒成龙在任期间克己奉公，长期捐献，以下为舒成龙在荆门的捐献清单，我们可以粗略地看一下：

（一）乾隆十年（1745年）春建汉上书院，舒成龙捐俸五百金。

（二）同年，修荆门城，五年分办，舒成龙共捐资二千三百余金。

（三）乾隆十一年（1746年），重建荆门州署，捐三千五百金。

（四）同年，建文运桥。舒成龙捐资修砌石桥一座，计费千金。

（五）乾隆十二年（1747年）二月，增建沙洋仓，捐七百余金。

（六）乾隆十五年（1750年）春，修学宫，捐一千四百金。

（七）置育婴堂。舒成龙捐资养育，婴儿全活甚众。

（八）乾隆十六年（1751年）夏五月，礼遇高龄老者。舒成龙命各里举民70～90岁的年高德优者，共计数百人，会集州署衙，设宴款待，庆乐一天。临行，每人送葛布一匹，以示敬老之意。

（九）乾隆十七年（1752年）春三月，荆门赵国鼎游击因事革职，舒成龙奉委审理。赵有应追官项，急无所措。舒成龙曰："吾尝同僚，岂可坐视不救乎！"赠金完缴，赵得免其余罪。

（十）同年，捐俸济贫。前年荆门旱，署衙未以灾情上报，部分贫民无所仰赖。舒成龙事后才知晓，但此时他又不能动用国库银两（因没上报），怎么办？救灾就是救命，一刻也不能耽误！他立即捐出自己的俸银，买米二千石救济灾民，民赖以安。

（十一）修聚仙桥。桥在州东南后港镇，其地设仓储，每当收粮时，车辆拥挤，桥更堪忧。

（十二）乾隆十九年（1754年）春，建龙泉书院，舒成龙共捐二千五百余金。

（十三）建来龙桥。舒成龙捐资创建，并为之命名。

（十四）捐龙泉书院膏火。舒成龙捐银一千两，代绅士垫捐银一千六百两，交典商起息，以充膏火之费。

据以上不完全统计，舒成龙在荆门先后捐献银共计一万三千八百两。还有的捐献没有记明数额，因此，总捐款超过了这个数字。因为舒成龙在荆门不凡的政绩，不仅屡屡受到上级领导的表扬，也有幸两次被乾隆皇帝接见，得到奖励。

第一次是在乾隆十三年（1748年）九月，舒成龙49岁时。

舒成龙曾于乾隆十年（1745年）冬十月考核被评为“卓异”。朝廷对地方官员的考核，每三年一次，考核的方面分为守（操守）、才（才能）、政（政绩）、年（年龄）四个方面，凡操守清廉、才干突出、为官勤政、年富力强者被列为一等，即“卓异”，能被评为“卓异”，十分难得，然后由军机处记名，遇缺优先提拔。在那次考核中，总督鄂文恭认为，舒成龙“著有循绩”，上疏举荐他，可以“引见”。

在中国古代，一般的中下级官员面见皇帝，需要有高级官员的引领，这种中下级官员由王公大臣引领觐见皇帝的形式，称为“引见”。京官五品以下、外官四品以下，授官时文官由吏部、武官由兵部带领朝见皇帝。皇帝要亲自“验看”，即使保举者是皇帝最信赖的人、最器重的大臣，皇帝也会按照自己的观察写下朱批，从而使得所任命、提拔官员中的绝大多数基本胜任，可以在更大程度上做到人尽其才。皇帝亲自对中下级官员进行面试、考察，这在当时已成为一种官员考核制度，是新官提升前的必定程序。

但当时因堤工未竣，所以没去京师“引见”。直到三年后，舒成龙才赴部“引见”。乾隆十三年（1748年）九月，舒成龙来到了京师，受到了表扬，乾隆皇帝赐他蟒袍一件，御批“准卓异，回任候升”。这是《观察舒公年谱》上的记载。但另有一说，此年皇后去世，皇上迁怒责罚了许多大臣，并无心情接见这些地方小官，所以推测舒成龙虽去了京师，却没见到皇上本人。

但无论如何，在流程上是没有问题的。到次年即乾隆十四年(1749年)春正月，舒成龙被升为安陆府的副知府，“兼署安陆府同知事”。乾隆十五年(1750年)夏四月，又推升为广西平乐府同知。升官本是喜事，但舒成龙觉得《荆门州志》还没编好，怎能半途而废？便主动放弃了这次升迁的机会，百姓们也纷纷请命，希望留下这位“大德知州”，而吏部最终也批准了舒成龙仍留在荆门主持修志的请求。

后来到乾隆十八年（1753年）六月，54岁的舒成龙又来到京师，赴部引见，记名以知府用。

“引见”那日，皇上在紫禁城养心殿升御座，吏部尚书、侍郎跪于御座一侧，被引见的官员排着长队，每次引见五六人，先将绿头签和引见单呈递给皇上，上面写着引见人的姓名、履历，以供皇上阅看。舒成龙身穿蓝袍天青褂，佩挂朝珠，与其他引见官员按次序入殿，奏报履历，然后皇上与之交谈，交谈的内容十分广泛，除了公务，也叙家常。通过引见谈话，皇帝观察官员的身材相貌、言谈举止、人品德行，并用朱笔把评语、升迁降革意见写在引见文书上。皇帝的决定并不当场宣布，军机处则把经皇上批过的履历片官员情况、引见时间、皇上评语等信息，誊写在硬纸上，记录在案，以便遇缺提拔时，就把该官员的履历片呈上。

朝见皇帝，是古代官员的最大荣耀。这次的觐见，被预定为了将来的知府以备用，到了乾隆二十年（1755年）春二月，56岁的舒成龙特授湖南衡州知府，官职为从四品。

第十章 衡州佳话

一、关注民生

乾隆二十年（1755年）秋，56岁的舒成龙离开他为官十二年的荆门，赴湖南衡州任知府。

湖北多平原，湖南多高山。舒成龙一行继续向南，一路上重峦叠嶂，风光无限。他脑海中屡屡浮现出往昔的情景。从任丘到京城，从京城到湖北，他没有违背自己的初心，也没有辜负王爷的期望，一言一行不忘公正严明，一举一动常思百姓冷暖。

潇湘大地的秋天，比湖北要来得晚一些。舒成龙踏着秋意先行来到长沙，拜访时任湖南巡抚的陈弘谋。

陈弘谋（1696—1771年）字汝咨，号榕门，广西临桂人。雍正元年（1723年）进士，历任湖南、陕西、甘肃、江西、江苏等省巡抚，湖广、两广总督，累官东阁大学士，工部尚书、太子太傅，卒谥“文、恭”，世称陈文恭公。

陈弘谋比舒成龙略长几岁，也是有真才实学之人。相似的为官经历与博学多识，让两人一见如故，不止谈为官之道，也谈人生哲理。

交谈中，舒成龙对即将上任的衡州进一步加深了了解。衡州府辖衡阳、衡山、耒阳、常宁、安仁、酃县（今炎陵）、临武、蓝山、嘉禾9县和桂阳州。清康熙三年（1664年）分为湖南、湖北两省，置衡永郴道，衡州府属于湖南衡永郴道。道治、府治均在衡阳县，是湖南管辖的一个很重要的府。

当时，衡州素称难治，一是衡州地处湖南最南部，古称南蛮之地；二是康熙时三藩反，吴三桂曾在此称帝反叛朝廷，平叛时杀戮过多，积怨深重，风土民情，自然异于他地。

巡抚陈弘谋专门给舒成龙交代这个问题，还指出辖区部分官员居官松懈，希望舒成龙到任后能够查实确访，好好整顿。

舒成龙再次带着重托走马上任。他准确地意识到，衡州府一切疑难杂症的根源还是民生问题，抓住民生这个牛鼻子，一切都会迎刃而解。

熟悉府内情况后，舒成龙立即展示出他办事果断的一面。他令人即刻贴出告示告知所属士民：凡有关民生、衡郡治理，事无巨细，据所见所闻，确实详陈，以备采择。

这一举措收到了立竿见影的效果。告示一出，呈请而来者接踵不断，提出了许多意见和建议。对百姓的这些意见和建议，舒成龙亲自一条条审阅批注。经常在夜半三更的时候，他的住所仍是烛火明亮。

舒成龙十分关心民间疾苦，在府衙住了没几天，他就带着属下四处去探访民情。一天，衡州城内一居民区发生大火，衡州多竹屋，火势蔓延很猛。舒成龙闻讯赶到现场，他当机立断决定拆除邻近几户民舍，以杀火势。

情况紧急，舒成龙的决定得到了大多数人的支持。有个民户却面有“难色”，不大情愿。舒成龙以大局为重，立刻命令官吏上前强行拆除。火熄灭后，舒成龙走到那位民户身边安慰说："火焰方炽，非拆毁几间房才能遏止。不然，很难收拾局面，造成更大的灾难。我下令拆毁你的房屋，难道是单单对你薄情吗?"随后，舒成龙给这户民户一定银两予以补偿，让其另修屋舍。那个民户深感惭愧，表示以后要以大局为重。

其后几天，舒成龙一直忙于在府内各地调研。他再把百姓的意见一一梳理之后果断地取利民者兴之，害民者除之。他清晰地列出名目，并饬令下属官员，奉行勿怠。

衡州的民生问题主要有两点，其一就是里书贪赃枉法。情况和他刚到荆门那时差不多，一些吏胥仗着自己手中的权力，侵吞赋税款项，损害农户利益。

有了荆门州整治里书的成功经验，舒成龙驾轻就熟，也在衡州推广起荆门的办法，重选诚实的吏胥，清查田赋，另造约册，并印刷文告《易知由单》，很快就达到了预期的效果。

第二个民生问题是百姓吃盐贵的问题。当时，湖南全省的官盐供应均是淮盐，淮盐因淮河横贯江苏盐场而得名，是中国四大海盐产区之一。

淮盐通过汉口由水路运往各府通销，有许多不便之处。首先，衡州距汉口很远，又是逆水，运输艰难而且成本高，还常常供不应求。其次，盐业的买卖与运输都需要盐引（官方发给的食盐专卖证），商人花钱购买盐引，到指定盐场取盐，并运到指定地区零售，按这些规定进行的商户为合法贩盐，否则便视为"私贩盐"，属犯法行为。

衡州所属的常宁、耒阳、安仁三县靠近广东，因为盐引不足，导致市场上淮盐经常断货，没有办法，当地许多百姓只好高价购买私贩的粤盐。粤盐价格昂贵，百姓叫苦不迭。私贩盐，是违法行为，屡禁不止，成为衡州政务一大弊端。

舒成龙了解情况后，立即呈请上宪湖南巡抚衙门：在原来的基础上每年增加“余引”三万，令淮商代运衡州，交商人转运常、耒、安三县，平价销售。

舒成龙这一办法可谓是一举两得。这样一来，不仅衡州境内的百姓都能吃上平价的淮盐，而且粤盐在衡州也没有了市场，禁止了私盐泛滥的弊端。

两个民生问题有针对性的解决，离不开舒成龙在荆门的经验积累。当然，受益的还是百姓，衡州百姓欢声载道，对新来的这位知府多是赞美之声。

二、广消积案

舒成龙面临的第三个问题有些烦琐。他到任后，发现府衙及所属各县积案累累，仔细清理卷宗竟然达到三百多起。

如此多的积压案件令舒成龙大为恼火，他将负责该事务的部属官员悉数召集起来，语气严厉地下达命令：“讼无大小，速审速结，不惟利民，亦所以自省烦恼也。”

命令下达完后，舒成龙又和幕僚商议，从众多积案中选取一些比较典型、积压时间比较长的案子，他准备亲自审理，以作表率。

很快，舒成龙审案的消息已经传遍整个衡州城。第二天一大早，衡州的百姓就赶到知府衙门，看舒成龙如何审理案件。

舒成龙审理的第一件案子是一起农田争水纠纷引发的斗殴。事情发生在三个月前，农户姜某和杨某本是同村村民，两家田地也只相隔一田埂。五月正是农忙时节，天气炎热又久不下雨，导致农田用水紧张。姜、杨二人为了争夺门前堰塘的水发生争吵，结果小事闹大，争执中两人互相斗狠，扭打在一起。杨某用手中的镰刀将姜某手指割伤，血流如注。要不是赶来的其他村民劝阻，两人仍不依不饶。后来，怒气难平的姜某又纠集亲属前往杨家滋事，双方打斗中互有损伤。

衡州县衙审理此案后，只判杨某伤人，要杨某赔偿姜某损失。杨某不服，屡次告状。至此，双方积怨越来越深，声称老死不相往来。

舒成龙重新审理案件，将双方当事人悉数带上公堂。听完两人陈述，舒成龙发觉此案案情并不复杂。他心里寻思着双方争持不下的原因，一是至今仍没有意识到自己的错误，而是将错责推给对方；二是，两人均有如果谁先服输，以后在村里就要低头的想法。

舒成龙准确把握了两人的心理，对双方所作所为都予以了训斥，责令两人同时向对方道歉。此外，对杨某伤人及姜某邀约亲属前往杨家滋事造成损伤的事情，分别予以严惩。除赔偿损失外，各责打二十大板。当事双方跪在公堂上战战兢兢，眼看板子要落到身上，心里虽有怨气，却又不得不佩服舒成龙断案有理。

谁知，舒成龙责令打板子只是虚晃一枪，实际用意在于杀杀二人的锐气。他知道此事如果如此处理，虽然有理有据，但难免会使双方心里不平，无益于事情的最终解决。看到已达到威吓姜、杨二人的效果，舒成龙话锋一转，大声道："可知错?"

事已至此，两人真是悔不该当初，不停地在公堂上磕头求饶，大叫"知错"。过了片刻，舒成龙对衙役们招了招手，让姜、杨二人站起身来。他的语气中自带威严，却又有一种消弭敌意的坦诚："如果你们能握手言和、和睦相处，可以免去你们的板子。"

姜某和杨某恍然大悟，明白了这位知府大人的良苦用心，心存愧疚地拜了下去。事情最后的结果，两人不仅当堂和解，还主动提出再遇到干旱时节一定相互谦让、互帮互助。此时旁观审案的百姓均拍手叫好。

审完第一件案子，舒成龙并没有退堂休息，而是继续审理。第二起案子是衡阳县一件命案，发生在去年端午。原来，衡阳当地有个风俗，就是在每年的端午节日，“醵饮至醉，以龙舟竞渡”。湘人尚武、好斗，往往为了争夺胜利，引起斗伤，甚至闹出人命。这起案件就是两个不同家族之间竞龙舟时，互殴打斗造成一方人员重伤不治而亡。

舒成龙早已看过案卷，对案情了熟于心。他决定既治标又治本，坚决禁止这种私下打斗的恶习。公堂之上，他义正辞严地痛斥武力竞渡的种种弊端，宣布缉拿肇事者、严加法办。一些乡绅还想为此事找借口开拖，可舒成龙态度鲜明，任何说情的举动，都被他一一挡了回去。

舒成龙审案条理清晰，恩威并施。一天下来，就审理了四件积累下来的案子，件件令在场的百姓心悦诚服，件件让观摩的官员感触良深。舒成龙公正严明的形象、干净利落的处事手段，一下子在衡州传递开来。

舒成龙在衡州任上仅三月,亲自和督促官员审理积案四百余起。

在百姓心中，这位知府大人作出的决定，从来是有诺必践。可谓是“凡事有交代、件件有着落、事事有回音”，比如竞渡一事，舒成龙言出必行，在乾隆二十一年（1756年）端午节期间，派出官员沿河查阅，只令泛舟，不准竞渡。正因为舒成龙言出必行、做事掷地有声，那年衡州不仅没有因为竞渡再出人命，就连打斗的事情都很少发生。

处理大量积案的同时，舒成龙也意识到一个紧迫的问题。衡州地控粤桂，域连荆楚，畅通九衢。州治所在地衡阳，地广民稠，素来政事繁重艰难，狱讼案件很多。因为区域大、事情多，衡州曾专门设立一名知府同知，专职办理案件，即便是这样，仍然有不少案件积压下来，办理不完。

如此一来，就有这样几个弊端：一则，百姓的诉讼案件得不到及时解决，容易引发矛盾，直接影响到全衡州府的治理。二则，案件太多，官员忙得精疲力竭，颇有怨言，而上级不了解其中内情，认为下面官员办事松懈，不仅工作能力有问题，而且工作态度也有问题。

舒成龙针对这个问题进行了详细地考察和研究。他认为，这不仅仅是人员分工安排的问题，更主要的是管理体制的问题，应该从行政区域划分来综合考虑。

三、设县“清泉”

经过一段时间的论证和商议，舒成龙呈请上报，以“路当要冲，事繁难治”为由，建议把衡州府衡阳县的东南之境分出来，另外设县。同时，裁撤知府同知数额，知府同知的一些职责由新设县的官员分区域治理，以此来解决案件积压的问题。

此外，舒成龙还建议改府司狱为典史，衡阳训导为新县教谕，衡阳汛把总驻防新县。其他事宜则详列条目。

关于新县的名称，舒成龙也上书，拟取名“清泉县”。

原来，衡州东乡有一名山叫清泉山，泉山位于泉溪镇境内。清泉山上有一清泉，清澈如镜，可饮可灌，冬夏不竭，泉味甘美，为酃湖水之源，酃湖地势平坦，水面辽阔，倚湘江，傍耒水，极目远眺，时而碧波荡漾，时而涟漪闪烁，绿色旖旎，堆碧叠翠，美不胜收。酃湖之水酿出古代之“酃绿”美酒，味淳色美，曾为进贡佳品。有诗云：“清泉山下出泉清，万顷酃湖逗一泓；酃绿见珍张载赋，原来缩酒贡南荆。”

巡抚衙门按照舒成龙的请求，据实上奏朝廷批准。不久得旨，皇帝同意赐新县县名，正式命名为“清泉县”。

可以说，清泉县因舒成龙而诞生，这里的百姓，也因为舒成龙而受益。

清泉县成立之初，基础薄弱，人才匮乏。舒成龙迫切需要一位得力的知县来治理管辖，在他的大力举荐下，江南才子江恂被任命为清泉县首任知县。

江恂，字於九，号蔗畦，广陵（今江苏仪征市）人。乾隆二十年（1755年）以拔贡初知常宁，有政声。次年，舒成龙宣布由江恂出任清泉知县。这位才子县令，学识渊博，通晓经史，诗书画皆精，留下了许多关于衡阳风物的诗文和书法遗墨。

当时清泉县百业待兴，江恂上任后，一方面大力清理滞狱，洗雪沉冤，与民休息；另一方面，带头捐资办东洲、白沙两书院，修葺石鼓书院。

舒成龙知人善用，使得衡州原先的积案问题，得到了彻底地解决。《清泉县志》记载江恂上任后果然没有辜负舒成龙的期望，“凡廨署、仓廒、城楼、铺舍，皆以次兴建。农桑、学校、赋税、科条，各有措置”。

江恂组织翻修的石鼓书院，建于衡州石鼓山上。“石鼓名山始自唐，天开此处读书堂。”书院创建于公元9世纪初，历经唐、宋、元、明、清，有近千年历史，是我国古代最早的一所由私人办学的书院。在我国书院史、教育史、文化史上享有崇高的地位。北宋时，石鼓书院与睢阳、白鹿洞、岳麓书院并称四大书院，是清代及以前我国南方文化学术中心。而在当时，书院历经岁月的洗礼，正从低谷的阴影中迈出，走向复兴。

当时石鼓书院师资力量比较匮乏，江恂了解情况后，准备请兄长江昱救急，去书院任教。

江昱，字宾谷，号松泉。安贫好学，博涉群籍，贯通经史，尤精《尚书》，被袁枚称为“经痴”。此人虽才高八斗，却不愿为官。江昱很喜欢金石文字，考核精详，曾作《辨衡山岣嵝碑》一篇，足祛千古之谜。又通音韵训诂之学，曾仿宋人《押韵析疑》例，从官定《佩文韵疏解》中择其一字数音者，各分字义异同，著《韵岐》四卷。不仅如此，极喜交游，与当朝名士吴敬梓、郑板桥、吴鸿、欧阳正焕等均有交往；其又长于诗文，尤好辞章，与浙西词派首领厉鹗、陈章等相友善，频相唱和。

“凡书院之师，必选经明行修、足为多士模范者，以礼聘请。”兄长江昱的德行和学问自然不在话下，可江恂却有自己的顾虑。石鼓书院历史悠久、名声显赫，先生一职受人敬仰，许多人都盯着这个职位。江昱从各方面来说都是合适人选，可如果就这么聘请，难免给人留下口舌，说自己任人唯亲。

江恂一时踌躇不定，去拜访舒成龙请教良策。舒成龙问明事情的来龙去脉后，宽慰江恂说：“举贤可不避亲。”

虽然如此，舒成龙还是决定亲自去拜访一下江昱。一来是求贤若渴，二来体现出对江昱的尊重，三来也可以通过现场会面管中窥豹，探询江昱的才学。

从未谋面的两人，在清泉山下江昱的石屋中相见。舒成龙衣冠肃整，彬彬有礼。从见第一面，他就已经感觉到了江昱身上的那种腹有诗书气自华的气质。两人聊到治学的话题，对志书的研究和共同修志的经历，让他们的谈话十分投机。

江昱治学的严谨，让舒成龙大为赞赏。他甚至还饶有兴趣地请教关于金石文字研究的内容。难得遇到知音，江昱邀请成龙在家里小酌，双方把酒言欢，聊了许多关于书院如何发展的话题。席间，舒成龙专门提出书院建设的两个问题：如何办学？如何培养人才？江昱均沉稳作答，有些想法令舒成龙都为之叹服。

一周以后，由舒成龙主持，江昱和清泉县方面签订了一纸协定，正式被聘请为清泉县石鼓书院先生。当日，不仅清泉附近的众多学子前来观礼，衡州的许多官吏、乡绅也赶来祝贺。

随后，舒成龙又多次考察石鼓书院，给书院扩大规模，增置斋舍房屋拨付资金，让石鼓书院发挥培育人才更大效益。在他的安排下，增建修缮七贤祠、仰高楼、大观楼、敬业堂、留待轩、浩然台、合江亭及东西斋房等建筑，书院面貌为之一新。

复兴中的石鼓书院，因为有了舒成龙的扶持，有了江昱的到来，更加热闹了起来，许多人都愿意将自己的子女送到石鼓书院求学，一时间求学者云集于此，学风甚盛。

在其后的几年时间，江昱治教有方，成绩卓著，书院不仅拥书万卷、多藏精本，而且为衡州、为湖南培养了许多优秀的学子，用实际行动回报了舒成龙的举荐之恩。

四、离任嘱托

在衡州，舒成龙仍然保留着许多荆门为官时的习惯。注重民生问题，对重要工程亲自谋划，对文化教育尤其重视。

乾隆二十一年（1756年）夏，到任衡州还不足一年，舒成龙就已经针对衡州的薄弱环节开始施政。这主要集中在四个方面。

一是重新整修文庙，以崇明祀，振兴文教。文庙，是纪念和祭祀我国伟大思想家、教育家孔子的祠庙建筑，在历代王朝更迭中又被称作孔子庙、孔庙。孔庙的存在，体现了儒学在中国传统文化中的主流地位，承担着文化的传承与教化。当时，衡州文庙历经岁月的洗礼，早已破旧不堪。舒成龙认为文庙是民族文化的象征，应该立即重加修整。

二是扩大衡州各书院规模，增置斋舍房屋，为进一步培育人才创造条件。书院是培养人才的地方，而在清雍正王朝以前，书院因为某些政治原因整体比较萧条。此后书院开始繁荣复兴。舒成龙担任衡州知府时，更加重视和加强书院建设，他尊师重教，主动与各书院山长交好。岳麓书院山长、衡阳名士旷敏本就对舒成龙评价很高。不仅如此，舒成龙致力于将衡阳各书院打造成为远至京师、近至衡永郴桂士子们向往和云集的学府，成为湖湘地区引人瞩目的儒学传播基地，并进一步发展成为中国古代“讲学式”书院的楷模。

三是组织人力重新编纂《衡州府志》。修志，对于舒成龙来说，更多是一种责任。有了在荆门成功修志的经验，舒成龙也在衡州组建修志班底。他认为，虽然在康熙年间，衡州曾修过《衡州府志》，但据此已经70多年。“今之衡州，非昔之衡州也，又以衡阳地广事繁，析东南境分设清泉……”衡州这数十年来巨大的变化，更让舒成龙下定决心重修一部《衡州府志》，用以承上启下，补充事实，增加内容，光耀历史，启迪后世。

四是规划建设贡院考棚，为学子创造良好条件，以便全力于考试，无后顾之忧。舒成龙上任后，湖南巡抚陈文恭曾来衡州考察，察看衡州贡院时，还专门题了一副对联，这副对联形象地描写了考生在寂静低矮的号舍奋笔疾书的情景：“矮屋静无哗，听食叶蚕声，敢忘当年辛苦；文星光有耀，看凌云骥足，相期它日勋名。”这副对联深深地道出了千年来知识分子“十年寒窗无人晓，一朝成名天下闻”的梦想，同时也反映出贡院考棚的简陋。当时湖南各处贡院考棚，无不屋矮房陋，考生生活极其不方便。衡州府贡院也是如此。舒成龙实地调查后，当即决定把这作为一项民生工程和面子工程，在全省树立一个样板。

舒成龙一并详禀湖南巡抚和各主管上司，逐一开展修举。数月时间，这些事情在他的大力推进下已逐渐有了眉目。然而，天有不测风云。这年六月，一个令舒成龙备受打击的消息从家乡任丘传来：其父舒东峄病故。

说舒东峄长者对荆门有感情，还真不假。事情真凑巧，当儿子舒成龙一离开荆门，老人家就不行了。乾隆二十年（1755年）九月，舒成龙到达衡州府，正式上任。过了不到七个月，乾隆二十一年（1756年）夏四月十四日，舒东峄去世。

20年前，舒成龙母亲边氏去世时，他在谷城忙于政务，无法待在身边。如今，父亲去世，他又在千里之外的衡州。

悲痛的情绪挥之不去，舒成龙连忙上宪申报回任丘老家。在等待奏请批准的那段时间，舒成龙强忍悲伤，将手中正在进行的工作一一部署下去。

也许是知道自己再难得回来，舒成龙把家中大部分的仆人也遣散了。这些仆人大多是他在湖北任职时就一直跟随于他。他对仆人们说：“尔辈不习北地水土，不令随役，虑为苦病也。”于是，给足他们银两让他们回到原籍，并焚烧了其身份契据。仆人们都念着舒成龙的照顾与恩情。“众不忍去，垂泪。”

丁忧去职的批复终于下达。秋七月，舒成龙要离开衡州时，反复嘱托，要属下继续做好这四项工作。临行前，舒成龙还捐五百金，交质库生息，用以添补经费。并嘱托衡阳、清泉两知县，万一“四者不能举其一，则永为膏火之资”。后来，绅士踊跃捐赠，“力襄其成”。

文庙、书院和贡院考棚建设先后在此后一两年间完成。《衡州府志》在舒成龙走后，他的继任者饶佺帮他完成了这个任务，于乾隆二十八年（1763年），即舒成龙离开后的第七年，新的《衡州府志》正式出版。

饶佺在《重修衡州府志序》中记录了舒成龙的功绩：“佺下车即有志从事，兼闻前舒守曾定议，嗣以忧去，留捐资以襄斯役，佺何能不亟蒇厥事！”

修《衡州府志》是舒成龙的“定议”。饶佺作为后任者，最终完成修《衡州府志》的任务，圆了两任知府的梦，实在是件大好事。同时，也进一步印证了舒成龙在衡州的政绩。

舒成龙走后，衡州百姓自发组织在八百里衡山第一峰回雁峰下为他建立德政坊，并撰写诗词颂言，汇编刻印成册，流传于民间。

第十一章　甘肃仁政

一、重情珍意

迫切赶着回家的舒成龙，心里很不是滋味。在这之前，舒成龙就听闻父亲生病的消息，当时他寻思着父亲80来岁，年事已高，需要亲人陪伴在身边。他想等忙完手中的公务，抽出时间请求放长假，回家终养老父。可惜，事不遂人愿，还没来得及上奏朝廷，就传来父亲病逝的消息。

从湖南到河北数千里行程，舒成龙一行要途经荆门。

知道老知州要路过的消息后，荆门的百姓纷纷来到官道上探望，为舒父致奠。人们纷纷挽留舒成龙，希望他能在荆门稍做歇息，略表心意。舒成龙明白众人的心意，却不愿过多打扰，以奔丧为由予以推辞。

荆门百姓一再恳请，“舒老太爷曾在荆门生活过，对荆门有感情，荆门人理应祭奠”。众情难却之下，舒成龙只好当晚留宿于龙泉书院。

当晚，更多人得到消息纷纷赶来，大家惦记着舒成龙在荆门为官的种种德政，匍匐哀号，主动捐钱捐物给舒成龙办丧事。对于大家的好意，舒成龙一一谢绝，坚决不受一分钱。相反，在离开荆门时，他又捐金三百，添助龙泉书院，用于学子求学的费用。

回到任丘，办完父亲的葬礼已是这年十月。服丧期间，不少荆门和衡州的百姓都来探望，舒成龙十分感动，对家人说：“荆人、衡人用意良厚，然实重余之惭也。”

从乾隆二十一年（1756年）秋到乾隆二十四年（1759年）春，这三四年间，舒成龙一直待在任丘家中。

在外漂泊了半辈子的他，很多时候对着家乡的一草一木、一屋一瓦而触景生情。最初那段时间，他经常来到白洋淀边，看芦苇飘扬，听涛声拍岸，回忆幼时在这里游泳、捉鱼。

时光看似悠闲，可谁又能理解他心中的苦楚。后来，舒成龙觉得老沉溺在悲痛中也不是个办法。毕竟性格使然，他是个闲不住的人，就又开始找些事情忙碌了起来。

不久，舒成龙决定为家族修建宗祠。

宗祠是族人聚会、议事、处理族内纠纷等宗族活动的场所，在中国的传统文化里，祠堂是姓氏祖根和聚集繁衍的象征。舒父在世时，就曾主持修建过宗祠。舒成龙在《任丘舒氏族谱》序言中记载：“吾祖尝手辑家乘，其前世未详。始祖道武公，前明永乐中，由小兴州移家任丘之三石邨，凡七传至吾祖。宗支世次，具载犂然。吾父更建家庙于祖茔东侧，且拓轩寓为族食地，并设祭田、义田，奉时祀，赡贫乏，使吾族绵连于无穷，何意之美也。”

这段话说明，舒成龙父亲始修宗祠，是一件大好事。为了悼念父亲，继承父亲的遗志，所以舒成龙要再次重新修建宗祠，可谓是寄托着对父亲的深切思念。

修建完宗祠，他又开始谋划修建家庙。家庙是供奉祖宗和先辈神像、灵位，供族人祭祀、朝拜、思念的场所。修建家庙时，舒成龙还特意给几个孩子上了堂家庭教育课："凡人丰于财，无不营华屋，构名园以适。至于茔墓，直以为族人公地，任其荒废。不知华屋名园，身受者仅数十年，子孙之贤者，尚多历年久，其不肖者一再传，即为他人所有。若茔墓，祖宗之遗骸千百年在焉，己之遗骸及世世子孙千百年在焉……"

意思是说，一般人钱财多了的时候，无不营造华丽的房屋，构筑漂亮的花园来满足自己。至于茔墓，始终以为是宗族人公众的土地，不去参与管理，任其荒废。这些人殊不知华屋名园，自身享受的时间仅仅只有几十年，如果子孙孝贤的，还可以多经过一些年头传下去；如果子孙不孝不贤的，一世二世之后，败家变卖，便为他人所有。像茔墓，祖宗之遗骸千百年都埋在那里，同时自己之遗骸及世世子孙之遗骸千百年也都埋在那里。用它来与华屋名园比较，谁为轻重呢？

这一忙时间就过去了大半年。转眼间到了冬月，河北的冬天比湖北、湖南要冷得多。冬天里在家生火炉子，烟囱下方都能结出一块块冻得黄黄的冰。

严寒的天气，更加苦了那些无家可归的人，一幕幕凄惨的景象，让舒成龙心生怜悯。他主动出钱出力，安排家人设立粥棚，规定每天上午9点到11点，免费向贫困之人施粥。这一举动，无疑是雪中送炭，解决了许多贫困百姓的燃眉之急。

施粥的义举一直持续到春暖花开。当粥棚准备撤掉时，许多受到恩惠的穷苦百姓都跪拜在地上向舒成龙行礼，表达着一份感激之情。

尽管舒成龙心里有些不忍，但他很明白，这些百姓必须找到自己的谋生方式，才能让自己的生活得到改观。不过，亲朋之间如果谁有困难，只要找到舒成龙，他还是尽力地给予帮扶。家族中有一位兄长，因为遭遇变故，拖欠官谷，被官吏征催得没有办法，不得已向舒成龙开口。舒成龙了解情况后，不仅帮这位族兄交齐了欠粮，还资助了一点资金助其渡过难关。

三年服阕期满，舒成龙于乾隆二十四年（1759年）赴京师候补，时年60岁。

花甲之年，舒成龙再次回到熟悉的京城。阔别多年，京城交好的朋友纷纷赶来探望，舒成龙似乎比在家乡任丘更要繁忙了。朋友经常聚会，无意间触动了成龙心中的另一根弦，那就是在京师修建河间会馆。

顺治年间，直隶河间府人公置一地修建了会馆，到康熙初年就毁坏荒废了。舒成龙的祖父舒瑜曾在旧会馆中居住过，感叹旧会馆太破旧被舍弃，有心想把它修好，但始终没能如愿。后来，虽然也有人提议，但终究未能成行。

舒成龙在京城等待补职期间，秉承祖父遗志，带头捐银千两，倡议修建河间会馆。于是就在都城日南坊选址，买故宅一处，整修翻新，动工修建。后来由于资金不足，舒成龙又垫金三千两。在河间会馆建设中，舒成龙亲自设计督工，他常常通宵达旦地工作，有时竟连吃住都在工地上。大约花了半年时间，建成厅堂3间，房屋72间，杂舍35间，亭子2个，总计110间，割出四分之一出租，以租金为“修葺之资”；其余为河间府在京文人墨客所用。一应炊具厨灶器用完备无缺，成为河间文士在京都的大本营。

河间会馆作为同乡送往迎来的基本场所，亦成为寓外人士节日聚欢的所在，会馆建立起的乡井氛围使人们解除了旅外客居之愁思，产生了全然回到故乡的感觉。

后来有河间同乡戈涛，专门为舒成龙修馆写了一篇文章，叫《河间会馆碑记》，勒于石。文中极力歌颂舒成龙：“嗟呼！夫人好义难矣。倡而不必应，应而不必给，有倦而悔耳，故始而终之尤难。余观舒君为此，何其心力俱瘁而不知其难也！非有忠信诚确，坚果之力，乌能有终若是？以是而当国家之事，履艰承钜，必无一切退避隐忍之心可知也。则余之所以多舒君者，岂独此敦笃乡谊一节之盛举与！”

河间会馆修建好后，当年省试，馆中获中者二十三人，还出了一名解元，即同邑人边方晋。这些，大家都归功于舒成龙做了一件大好事。

二、瓜州屯田

在京师约莫待了三个月，吏部传来文书，舒成龙以知府的资格，拣发至甘肃省任用。

甘肃地属西北边陲，当时军需、贸易事务繁多，人员缺乏，陕甘总督吴达善知道舒成龙德行兼备、办事干练，听说成龙在京师候补，亲自点将，上书向朝廷要人。就这样，舒成龙以知府的资格，于乾隆二十四年（1759年）三月，奉命前往甘肃调用。

听闻公务紧急，舒成龙星夜兼程，不到一个月时间，就抵达甘肃省城兰州。总督吴达善亲自在府中接待了舒成龙。

吴达善，字雨民，满洲正红旗人，乾隆元年（1736年）进士三甲。二十年（1755年），授甘肃巡抚加太子少保。二十四年（1759年），为陕甘总督。

五月，舒成龙被委以重任，远赴甘肃西北部的瓜州，查办屯田事务。

瓜州，地处甘肃河西走廊西端，东连玉门，西接敦煌，自古就是丝绸之路上的重镇，东进西出的枢纽，历史上因其生产蜜瓜而独具特色，初唐时期，瓜州被作为行政建制的名称正式沿用。

屯田，是指利用士兵和农民垦种荒地，以取得军队供养和税粮。在古代，一些战争往往旷日持久，甚至能够陆陆续续达到几十年，为了能够获得长期而稳定的粮食供应，就有必要建立一定形式的粮食生产基地，而这种基地只有建在距离交战区域不远的地方，才能保证因雇佣民夫搬运粮食而导致的损耗减少。

屯田能够保证边防军队的粮饷需要，对于开拓边疆、发展农业、巩固边防都有积极作用，效果也是非常明显的。可任何一项制度的良性运转，都与相关政策紧密相连，需要具体的管理者和执行者来进行监管。

当时，瓜州的田地政策是先由募民屯种，官府借种子、口粮，秋后农民收获后征税和返还。可事实却大相径庭，农户们到了收获季节，连本带息不仅还不上，还亏欠许多。后来，改为官民分收，也没有什么效果。这就直接导致了部分入不敷出的劳动者弃田逃散，一些没逃的农户，也感觉开荒种地辛苦到头，却看不到希望，于是也消极怠工，屯田制渐渐沦为鸡肋。

舒成龙深感事态严重，他来到瓜州后，一反常态并没有先到衙门上任，而是微服私访，故意不暴露身份，去瓜州所属的农村了解情况。

距离瓜州百十里的玉门，是舒成龙去的第一站。

早在康熙年间，舒成龙的堂叔舒介祉一支就从家乡任丘迁居到玉门的赤金镇，此后，双方虽有书信往来，却很少见面。舒成龙去玉门，人生地不熟，要想打探真实情况恐有阻碍。于是，他就借着探亲之名，来查清事情的真相。

赤金镇作为丝绸古道交通要塞，有着丰富的自然资源和人文景观。赤金一名的由来，颇具传奇色彩：康熙皇帝西征准噶尔后途经赤金准备回朝，看到当年曾为玉门县所在地的城池已面目全非，只留下些残垣断壁，不由十分伤感，偶拣得一块血红色的赤金，正面还刻着四个篆字“固若金汤”，下面两个小字是“赤斤”，背面盘龙卧凤围着一幅宏伟的城郭图样。康熙帝不由喜上眉梢，当即下令按此图建城，并御赐“赤金”为名。

舒成龙找到在赤金的族人时，堂叔舒介祉已经去世，五个叔伯兄弟丕杰、士杰、升樊、升平、升致仍在赤金种田为生。舒成龙召集大家在一起小聚，席间多有嘘寒问暖，攀谈中，舒成龙特别问到屯田的情况，得到了许多重要的信息。

舒成龙看这些族人在赤金生活困苦，劝说大家回到任丘原籍安家立业。几个堂兄弟都觉得离开故里已久，在当地住习惯了，不愿再回老家。舒成龙也不好强求，就拿出银两在赤金买了五十亩地，每人赠予十亩，供其养家糊口，以尽族谊。

和族人分别后，舒成龙又前往瓜州多个村落了解情况，才到瓜州正式上任。有了前期详细地调查，舒成龙很快分析出了问题的所在：主要原因是瓜州屯民每户仅种田三十亩，完全不够种。次要原因是，官府管理不善，有些小吏不作为。

招佃承种，每户先后拨地三十亩，借给籽种、口粮、牛具等项，是许多省份屯田耕种的固定模式。这种模式在平原地区还好，三十亩地一头牛，可以说是当时一个小农家庭的最佳配置。可在瓜州，耕地贫瘠，遇到风调雨顺的年景，官家收一半，农民所余还能剩一些。可一旦天公不作美，则农民根本没什么收益。这种实际情况让承种土地的农民很苦闷。想通过勤劳的双手改善生活，却又苦于没有多的田地。同样，官家也收不到租子，两者均受其累。再加上任上少部分官府小吏剥削日益加重，导致了与农民间矛盾的激化，造成一些农户逃散，另一些仍在承种的农民也感觉种田希望渺茫，消极怠工。

如何解决呢？舒成龙及时写出解决问题方法的请示报告，提出应对的措施：在每户原有三十亩的基础上，再给各户增加三十亩，让他们自由开垦种植。同时，将荒山野岭招民垦种，是为“官荒放垦”，荒地无主者分给流民屯种，并由官府给以印信执照，永准为业。这样做的好处，能让耕种的农民有归属感，皆视土地为世守之业，自然踊跃开垦种植。

陕甘巡抚核实后上奏朝廷。没过多久圣旨下来，乾隆皇帝同意舒成龙提出的屯田方案，让瓜州各地按舒成龙的方案施行。

与此同时，一场内部的吏治整顿也在瓜州悄然进行。

舒成龙亲自督阵，杜绝胥吏的剥削和以权谋私行为。他先后组织查办了几名为恶乡里的小吏，以正法纪。农户们正在犹豫观望时，舒成龙又通过公告的形式，将处理结果公之于众。这次整顿一直持续了半年有余，许多原来弃田逃荒的农户，得到消息后纷纷返回原籍。舒成龙不但不追究其责任，还专门前去探望安抚，鼓励农户们多开荒种地。

这一系列举措，效果非常明显，得到了农民们的大力拥护。为了尽快落实减少烦琐程序，舒成龙还派专人对租种土地进行登记。

舒成龙作了一项统计，按当时屯民六百八十三户，续报开垦的一百五十一户计算，每年可征粮三千余石。另外，当地未垦之田约数万亩，一并由民报垦，每年春季引昌马河之水灌溉，便可成为沃壤。

实践证明，舒成龙提出的屯田方案，非常符合实际，收到了良好的效果，发展了生产，不仅使得瓜州兵民能够勇于开荒置业，还得到了乾隆皇帝的夸奖。

三、西宁铸币

瓜州屯田一事办得极为漂亮，这让总督和巡抚更加器重舒成龙了。秋收刚过，一纸调令下达，舒成龙被任命代理西宁府知府职务。这离他到甘肃任职才仅仅半年多时间。

西宁是一个有着悠久历史文化的高原古城，亦是整个青藏高原上最大的城市。古为羌地，汉武帝时，汉军西进湟水流域，汉将霍去病修建军事据点西平亭，这是西宁建制之始。北宋崇宁三年设西宁州，取“西平安宁”之意，至此“西宁”之称于史始见。清雍正二年（1724年），改为西宁府。

这是一座多民族聚居、多宗教并存的城市，名声在外的塔尔寺是西北地区藏传佛教的活动中心，乾隆皇帝赐“梵宗寺”称号，并为大金瓦寺赐有“梵教法幢”匾额。相比瓜州，西宁府管辖的范围要大很多，这里是西北交通要道和军事重镇，素有“海藏咽喉”之称。

舒成龙策马奔腾在城外辽阔的山岗上，生长于农村的他，一如既往地用实际行动推行着自己的为官之道，那就是关注民生疾苦，使百姓安居乐业。

在瓜州任上解决屯田一事，让舒成龙无暇领略这片美丽的西北风光，如今他倒有大把时间在西宁了解当地的风土人情。他曾和随从谈论着西宁印象时形象地说：“这里天蓝得不行、草黄得不行，口不渴嘴唇干得不行，跑几步心跳得不行，说吃饭酒喝得不行”。

在西宁的日子，舒成龙难免会将其与曾经任职过的荆门、衡州进行比较。荆门、衡州拥有江湖之利，土地肥沃，易于发展农业生产。而西宁却正好相反，气候干燥，耕地稀少，不易于农业生产。不过，西宁的特点也很明显，这里牛羊众多，畜牧业发达，矿产资源丰富。

如何才能发挥西宁自身的优势和特色？舒成龙已经初步有了自己的构想。西宁府乃边防重地，这里驻军多，每年所需大量兵饷。当时军饷多以银和铜为主，各地运送过来，费时费力费资本。而西宁府所辖区域，矿产丰富，尤其是铜矿很多，品质又优良。手里既然捧着一块宝，何不好好利用。

卓越的胆识和久在官场的经历，让舒成龙做出了一个决定，他上书朝廷，提出了一些理财之策，其中两条就是“广鼓铸”和“开矿藏”。

“鼓铸”，就是鼓风扇火，冶炼金属，铸造器械或钱币。

舒成龙认为，以西宁铜矿之饶，如果在此增炉鼓铸，既可以解决西宁驻军兵饷之不足，政府也可通过对铜矿实行管理，抽取不菲的矿税收入，其余息还可作为财政收入上缴。

在清朝时，制钱是由官炉所铸。清代制钱在入关前已开始铸造，名“天命通宝”。顺治元年（1644年）定都北京，正式设置户部宝泉局、工部宝源局铸造“顺治通宝”铜钱。同年颁布统一格式，命令各省、镇开局鼓铸。制钱以文为单位，法定一千文为一串，合银一两。但在实际流通中，银钱比价波动频繁。

当时，舒成龙所在的甘肃向来无鼓铸，制钱都依靠邻省买入，又因为频年办理军需，制钱价上涨，所以吃了价格上的亏。可要想在西宁开局铸钱币，并非易事，有资源基础是必要条件，可还需要有这方面的人才来运作。

舒成龙极力申请增炉鼓铸，是因为他知道顶头上司陕甘总督吴达善曾任钦差宝泉局（钱币铸造）监督，这一在别人看来天大的难题，到了吴达善这里可谓是轻车熟路。而且，这是解决西宁民生问题的一件大事，舒成龙对这位上司抱有很大的信心。

果然，舒成龙的上书，得到了吴达善的鼎力支持。层层上报，经过共议、详请，户部核实，终于得到了批准，西宁府照章铸钱，这在甘肃乃是首创。

拿到了照章铸钱的批示，舒成龙相当于申请到了一个国家级的大项目。他又开始忙碌起来，组织人力开局设炉铸造制钱。

铸钱之初，使用西宁本地矿产的批示还没有下达。舒成龙并没有因此停滞不前，而是积极利用自身资源，取铜于四川，取铅于汉口。成本核算，其值与一切工费，制钱一千，需银九钱七分，每两准制钱九百，给兵饷及运粮脚价，尚有盈余。

西宁府的钱币铸造，舒成龙均安排诚实可靠之人推进。每种钱币都有母钱、样钱，还有刀工细腻、精美异常的花钱及异品，钱文书法多出自名家之手，值得珍视和收藏。

如此经历了大半年光景，鼓铸既设，钱价自平，实裕国利民的一件要务和大好事，大大促进了西宁乃至甘肃全省的经济发展。

能铸钱，舒成龙当然很高兴，但他还不满足于此。他认为，不能守着金饭碗靠讨米过日子，于是，在西宁乃至甘肃本地找原料，自己开采铜矿，又被提上议程。

舒成龙一次次上奏："查甘省各山俱产铜铅，委员确勘报明，听民开采。如土著无力，许其招商，每岁计出铜铅若干，以一分充国课，九分定价收买，以供鼓铸，庶天地自然之利，不致遗弃。”

在舒成龙的大力推进下，西宁地区“开矿藏”一事终于尘埃落定。总督将舒成龙“详请”迅速上报，开矿得以实行。

政策放开了，有能力开采者，则通过衙门审批进行开采。无力开采的地方，准许其招募有实力的人进行开采。

这样做的好处有三点：其一是得天地自然之利，使很多荒山得以利用起来；其二是每一年出铜铅若干，以一分充国税，九分定价收买，以供鼓铸造钱，工商两便；其三，西宁山多田少，土瘠民贫，务农而外，平民赴矿上打工，资助生活，贴补家用，为百姓谋生增添了一条出路。

四、巩昌茶政

乾隆二十五年（1760年）春二月，题补舒成龙实职，就任巩昌府知府。这是陕甘总督吴达善题请乾隆皇帝任命的。

舒成龙就任的这个巩昌，地处边陲，府治在陇西（今甘肃省陇西县），是古丝绸之路的必经之地，以悠久的历史彪炳于华夏文明史册，一直为历代郡、州、府治所在地，领七县二州：陇西县、安定县、会宁县、通渭县、宁远县、伏羌县、西河县、岷州、洮州。

舒成龙到巩昌任知府，任职的时间并不长，只有六个月。就是在这不长的日子里，他也做了几件很得人心的事情。

首先，整顿府衙，改革事务管理，制止腐败现象。

一是巩昌府署所需之用，历来都是责成地方供应，多数时候都不给钱。下面意见很大，但又不敢声张。舒成龙到任后，要求府衙机关一律照市价购买，决不容许白拿白用地方物资，立即减轻了下级负担。舒成龙并且将此规定勒石，置于衙前，告诉后来的各位官吏，以此为榜样。

二是府属各部门办公所用车骡不敷，过去的办法都是无偿地征取老百姓的车骡来补充。在此过程中，胥吏们借机私索卖放，诸弊丛生。舒成龙深忧困扰了民众，严令禁止。他要求各部门都要以实价雇觅车骡，令骡户亲自去官署自领车骡款项，防止胥吏们营私舞弊，从而使积弊一举清除。

另一件重要的事，是报请恢复设立巩昌茶政总司。

中国历代对茶叶的行政管理措施是实行课税政策，主要包括贡茶、茶税、榷茶等内容。茶叶作为全国的一种社会经济，除其具有的商品性内容外，主要反映在茶税的特征上。贡茶，一种无偿征用或定额实物税。茶税，又称茶课，是一种以实物或货币纳税的制度。榷茶，一种官营专卖制。据《清史稿·食货志·茶法》记载，清代前中期陕甘地区的茶叶集中和销售的基本情况是：陕甘发西宁、甘州、庄浪三茶司，而西安、凤翔、汉中、同州、榆林、延安、宁夏七府及神木厅亦分销。每引（一百斤左右）纳官五十斤，余五十斤由商运售作本。每百斤为十篦，每篦二封，共征本色茶十三万六千四百八十篦。改折之年，每封征折银三钱。其原不交茶者，则征价银共五千七百三十两有奇。亦有不设引，止于本地行销者，由各园户纳课，共征银五百三十两有奇。

为了加强管理，在巩昌府一向设茶政总司，盘验洮州、河州、庄浪、甘州、西宁五司官引。商人自湖南分运泾阳、汉中，俱抵巩昌，再发各司。巩昌居中，便于稽查。自乾隆十八年（1753年），茶政总司改移兰州，茶商四路分走，官茶不堪入库，商亦亏本。

舒成龙据实呈请禀报：若复旧制，恢复设立巩昌茶政总司，仍由巩昌盘验，以上那些弊端自然消除。事实正如舒成龙所言，不久巩昌恢复设立茶政总司后，加强管理，情况迅速好转，弊端自消。

舒成龙在甘肃力持所守，政绩突出，因加捐道员，遵例归部候铨（听候选授官职）。

因为清朝规定，凡知府任职一定年限后，必须回到吏部，加捐道员。加捐，就是另外缴纳一定的钱财。道员，是官名，也叫道台，官位比知府要高，近似于现在的副省长级别。舒成龙正是要依照惯例，回部去加捐道员的，所以要离开巩昌去京师，到吏部办理有关加捐道员事宜。

由于舒成龙的德政洽于民心，当地的读书人和老百姓们听说他要离去，就在九月份为舒成龙建了生祠，又立德政坊于巩昌城东门外，以表敬意。

第十二章　勤勉一生

一、涌泉相报

乾隆二十五年（1760年）秋八月，舒成龙离开甘肃，回到吏部待命。因要听候选授新的官职，舒成龙回到家中闲居，等候通知。

在这段时间内，舒成龙经常去探亲访友。

冬十月，舒成龙来到了滋阳。滋阳县，在山东省曲阜县西，济宁县东北。舒成龙是因为侄儿舒其绅当时任滋阳县令才前来看望他的。

舒成龙认为，侄儿舒其绅刚刚登仕从政，恐怕他经验不足，就借自甘肃归部加捐道员的机会，特地来到他的官署，予以指导。叔侄见面，分外高兴。舒成龙讲述了自己数十年来从政的心得体会，对侄儿耳提面命，反复嘱咐他，诸事必先要仔细调查，多方征求意见，看准利弊之后再决定兴办或者蠲除之，并告诫他，为官一任，造福一方，个人的得失事小，百姓的利益事大。

舒其绅倾听了这位叔叔的教诲，心领神会，努力谨慎地去实践，这样坚持下来，无论做什么事都深得民心，由是舒其绅循良清官的颂扬之声大振。

同年十一月，舒成龙回到故里任丘石村，祭扫祖先坟墓。又移葬二弟舒人龙棺材于墓穴。十二月，舒成龙到京师，主要是为了祭奠永公墓，并厚赠其家。

舒成龙始终不忘原湖广总督永常对自己有知遇之恩。

永常是满洲正白旗人，自三等侍卫累迁镶红旗满洲都统。乾隆五年（1740年），授安西提督，十五年（1750年），授湖广总督。这年夏天四月，还在荆门任职的舒成龙推升为广西平乐府同知，荆门士民公呈保留舒成龙，总督永常会同巡抚唐绥祖，据情入奏留荆门任，以同知升衔仍管知州事，得到乾隆皇帝的批准，因此得以让舒成龙完成了《荆门州志》的编纂出版事宜。乾隆十六年（1751年），舒成龙到武昌，奉总督永常调遣，委办庆典事宜，去京师恭办皇太后六旬庆典。到乾隆十八年（1753年）的夏四月，总督永常以舒成龙“历官楚北，著有贤声”，专折保举他堪胜知府任。六月，舒成龙被保举送部引见，到京师见到乾隆皇帝，皇帝授意记名以知府用。这就直接带来了乾隆二十年（1755年）春二月舒成龙特授湖南衡州知府的大好前程。后来，乾隆皇帝在征讨准噶尔达瓦齐的时候，命永常为定西将军，皇上责备他怯懦，派人夺了他官逮到京师审问，但走在半路上永常就去世了。

舒成龙是一个“滴水之恩，当涌泉相报”的人，对这位有知遇之恩的老领导更是如此。他同情永常的不幸，哀怜永常的非正常死亡，不顾他人的劝阻，冒着一定的风险，特地前往京师永常墓前祭奠，以表达自己的哀思。

乾隆二十六年（1761年）春二月，舒成龙从京师回到故里。他的族侄舒望祖，到壮年还没有妻室，舒成龙安排他娶了韩姓女子为妻，后舒望祖得子，人丁兴旺。舒成龙一位叶姓亲戚家庭甚贫，他也资助叶某结婚成家。舒成龙在其一生中，对亲族中无财力婚丧者，资助之多，不可胜纪。

这年冬十一月，舒成龙再次去京师，恭祝皇太后七旬万寿生日。因为皇太后生日喜庆，乾隆给各官员封赏，舒成龙被特恩加一级。

乾隆二十七年（1762年）春二月，舒成龙回到任丘家中。阳湖人蒋炳（司晨）与舒成龙颇有交情，时赴德州迎驾，路过任丘，造访舒成龙，他劝舒成龙乘着年龄还不算太老应该继续为朝廷效力，“勿以林泉自娱”。舒成龙完全同意他的意见。这样，他与安州陈德江（按察使）、同邑刘炳（知府），随同蒋炳一行四人，前赴景州恭迎圣驾。行至河间，舒成龙忽然得了痰疾中风，回家叹息说：“皇帝天颜，咫尺错过，未遂瞻就之忱，诚缺事也！”

夏五月，舒成龙将祭田、义田立册在案。他担心宗族延流日久，人丁良莠不齐，或有不肖子孙私自盗卖的情况发生，祭田、义田的公益性就没法保障。于是，舒成龙拜会了任丘知县刘统，呈请将本族祭田、义田详细登记，立册存案，永为世守。

秋七月，舒成龙建诰命坊于石村祖阡。诰命坊坐东朝西为4柱3间，面阔7.40米，高4.50米，用石料建成，是舒成龙为其父母受诰命而立。石弥板上刻“诰赠文林郎、奉政大夫舒东峄，妻诰赠宜人边氏，子巩昌知府舒成龙立”字样。额檐上浮雕有蝙蝠、梅花鹿、仙鹤等，谐音“福、禄、寿”的吉祥动物图案。

冬十二月，舒成龙再去滋阳县。在县衙他对侄儿舒其绅说：“愿汝为贤员，勿为能员。”意思是说，我希望你成为一名贤德的官员，不希望你成为一名能干的官员。舒其绅一时不明白，问为什么，舒成龙解释说：“能者刻意图名，贤者厚德利物。”提倡为官者必须把德放在第一位，德重于才。

二、山西道员

乾隆二十九年（1764年）秋七月，舒成龙奉命赴山西，以道员资格任用，官品为正四品。

行前，有幸蒙乾隆皇帝召见，舒成龙请求皇上训示。召见中，乾隆帝询问瓜州屯田事，舒成龙一一回奏。乾隆帝称赞说：“当年你将它改为升科，办理甚好！”舒成龙立即上奏说：“总由总督大臣谋划得宜。”乾隆帝大悦，认为舒成龙谦虚谨慎，应对得体，大大地表扬了他一番，勉励他到山西后好好做事。

八月，舒成龙到达太原城。

乾隆三十年（1765年）夏，山西省应修城垣十七处，工大费繁。山西巡抚彰宝认为舒成龙忠诚可靠，熟悉工程，奏请朝廷委派他督修。彰宝向舒成龙宣布了乾隆皇帝的圣旨：要求修理城垣，停止劝捐，动用官币，以五年为期。定期五年，告竣。

这是一项浩大的工程，责任重大，四处督修，非常艰难辛苦。舒成龙以66岁的高龄来接受如此艰巨的任务，确实不易，令后人钦佩。

乾隆三十一年（1766年）秋七月，舒成龙检查工作来到蒲州。

这次，舒成龙来蒲州永济，也就是现在的山西永济市，是来检查城工的。白天察看了几处城墙，当天晚上安排住在考试院。舒成龙很累，刚刚就寝，便觉得有人催促他快起床。他披上衣服急忙外走，方出门口，猛听一声巨响，回头看时，却见屋顶整个塌落，他所睡的床被砸得粉碎。众人十分后怕，感到惊愕。永济县令李友洙闻讯赶到试院，惊恐不安地向舒成龙请罪。舒成龙和颜悦色、神态镇定地对李县令说："成毁自有天数，岂是人所能预料的吗？此事与君无关，何罪之有？"县署及试院官役才舒了一口气，放下心来。

在修城期间，太原裴其是舒成龙的老朋友，要赠马给他作坐骑，舒成龙说："朋友之间赠送车马，不是不可以接受。但是，既然我们在此为官，则不可！要注意官员廉洁的形象啊。"坚决拒绝老友的一片好意。

舒成龙公私分明，严格把握，廉洁自律，值得后来从政者引以为楷模。

乾隆三十二年（1767年）秋，舒成龙所督修的十七处城工，全部告竣。自乙酉夏至是秋，三年中，舒成龙历查各城城工，亲率僚属检查质量，核实工料。"官无侵冒，民无怨谤。"巡抚衙门验收后，称赞说："工程巩固，非实心任事者不能也！"

定期五年，舒成龙三年就保质保量地完成了，充分证明他是一位贤德而能干的官吏，终身都是如此。

在乾隆三十一年（1766年）的时候，山西出现腐败窝案，布政使、按察使俱因此事解职，朝廷委派舒成龙代理山西布政使司布政使。

在这样严峻的背景下，舒成龙于乾隆三十一年（1766年）春二月受命代理山西布政使司布政使，三月，舒成龙又任代理冀宁道台。可谓受命于危难之际、动乱之时。

山西是清代设总督最早的省份之一，于雍正四年（1726年）废后，山西没有设总督，巡抚（俗称抚台）成为全省的最高行政官，集军政、民政权于一身。山西省下设冀宁、冀南、冀北、河东四道，分别由四位道员掌管。

冀宁道驻太原府城，下辖太原府、汾州府、潞安府、泽州府四个府，以及辽州、沁州、平定三个直隶州，治所在太原府（今太原市区）。舒成龙此时以67岁的高龄就任代理冀宁道员。

舒成龙所署的冀宁道，是布政司派出机构，称分守道，驻省城，在布政司附近建署。道员衙门前的街巷便被称作道门前和道公街。可以想见，当初这里也是“车如流水马如龙”的繁华。这里曾经出过两个名人，一个是明代的名妓苏三，据说曾被押到这里“三堂会审”；另一个是清代宰相刘墉，乾隆三十年（1765年）他在这里任冀宁道台，但次年就因失察所属阳曲县令段成功贪侵国库银两案被坐罪，舒成龙就是来接这个特殊人物刘墉“刘罗锅”班的。

代理冀宁道台，对于舒成龙来说，首要工作是维稳，以保证本地在山西巡抚、布政使、按察使和前冀宁道台俱因事解职或入狱的形势下，抓好大局的稳定，以安定人心，繁荣经济。

此外，钱塘孝廉周鼎，在冀宁道书院教习期满。舒成龙知道他品学俱优，将他请到道衙官署，教授课业。不满一月，周鼎已有选期，即选才授官。周鼎因为舒成龙礼遇甚厚，不忍马上辞馆赴选。舒成龙知道后，厚赠旅资，催促他立即速行，不要误了前程。

乾隆三十二年（1767年）春正月，舒成龙改署雁平兵备道道员。雁平道，山西古地名，清康熙十年（1671年）置分守雁平道，驻代州，辖大同府、宁武府、朔平府及忻州、代州、保德州。位于山西省东北部，北踞北岳恒山余脉，南跨佛教圣地五台山麓。所属代县文物古迹遍布，雁门关居九塞之首，天下闻名。

舒成龙到任后，属僚们都来拜见他，他训话讲道：“古人以清、慎、勤，为居官三要。然清则必慎，慎则必勤。理自相需，清为尤要，请君勉之。”

同年二月，舒成龙赴归化城视察。归化城，即内蒙古呼和浩特，汉意为“青色的城”，是一座有着四百多年历史的塞外名城。舒成龙清查归化马场空地，请准上宪按照屯田之例，募民开垦，民受其利。

秋，城工告竣。

舒成龙好不容易停了下来，他想休息一下，可不曾想到了冬天十月的时候，因为督修城工过度劳累，得了痰疾，再加之连年的劳累，已积劳成疾，新病旧病一起发作，遂患了轻度中风，经常手足麻木。于是，舒成龙向上级汇报请示，提出退休申请，巡抚彰宝代奏了舒成龙的身体情况后，经批准，乾隆皇帝同意了他离任致仕，回家疗养。

舒成龙一直工作到68岁为止，因疾病于乾隆三十二年（1767年）年底离任致仕，回到故里任丘，以安享晚年。到此，舒成龙最后的任职是：山西分守雁平宁朔兵备道代理道员，尊称“观察”，正四品。授中宪大夫。

三、造福乡里

乾隆三十三年（1768年）春正月，舒成龙回到了任丘故里。

这时舒成龙已经69岁了，仍念念不忘尊亲敬长，广行善事。二月，为闵尧仁先生立墓碑。闵尧仁先生是舒成龙之父的外祖父，有一子名闵傈，闵傈乏嗣，没有子孙。舒成龙考虑日久会丧失墓葬场所，立碑以表之，以祀久远。当时闵傈乔居京师，老而赤贫无依。舒成龙就将这位舅爷从京都接回家中，好好供养，为他养老送终。

夏四月，年迈的舒成龙去京津之间的香河看望儿子舒其绂。

舒其绂已为香河教谕。明清时代“县儒学”是一县之最高教育机关，内设教谕一人，相当于教育局长兼县学校长，品秩为正八品。舒成龙到香河县学署看望舒其绂时，全体学生都来拜见了这位老太爷。舒成龙对他们一一详加训勉，并为县学设立课程。舒其绂遵照执行，香河县从此文风大振，教育质量大大提高。

退休后的舒成龙继承他父亲做好事的义举。他还聘请舅父边敬溪先生，教授本家子孙。他继续增置义田，以赡养族人。舒成龙考虑，现在舒姓人丁兴旺，吃饭的人口越来越多，唯恐不能遍洽，便又购置了义田五百亩，令族人分种，无匮乏忧。

乾隆三十三年（1768年）十月，在舒成龙的主持和赞助下，《任丘舒氏族谱》修成。舒成龙亲自作序。其序全文如下：

余少游京师，及壮，官荆楚、历秦晋三十余年，与宗族相契阔。中，以居忧服家居苫土【苫（shān）土，即苫块，“寝苫枕块”的略语。苫，草荐；块，土块。古礼，居亲丧时，以草荐为席，土块为枕】。余生忽忽，晨夕亦未能洽族姓欢也。丁亥冬，由雁门乞归，始得稍休家园，往还族党间。间有童年相对莫识，询之乃知为族子。呜乎！吾家居任邱，十有二世，宗支未满百人，徒以不家食故，遂使族之人，偶一相遇而不相识，况乎日引月长，源远而末，益分几何，其不至如途人也！

吾祖尝手辑家乘，其前世未详。始祖道武公，前明永乐中，由小兴州移家任邱之三石村，凡七传至吾祖。宗支世次，具载犁然。吾父更建家庙于祖茔东侧，且拓轩寓为族食地，并设祭田、义田，奉时祀，瞻（赡）贫乏，使吾族绵联于无穷，何意之美也。

夫族谱之兴，肇于周而盛于宋。行之数千年，岂徒以叙昭穆明世次已哉？诚以自高、曾及云、仍，至不可数计，而原其初则一人也。一人不能不分而益疏者，势也。疏而不能不引而亲之者，情也。势有所无如何，而情有所不容已也。吾观世族巨家谱系虽详，或年远而莫之修，至有子孙欲叙其支属之远近而不能者，而况乎其莫之谱耶？

兹承吾祖手泽，续而修之，令家藏一册，庶后世子孙，即析居远迩，无不可执是为符合；而宦游四方者，亦得藉是以悉其家世。盖亲亲故尊祖，尊祖故敬宗，敬宗故收族。是吾祖吾父之所以勤勤也欤。苏明允曰：观吾谱者，孝弟之心可以油然生矣！吾不能不有望于后云。

时乾隆三十二年戊子冬十月，中宪大夫、山西分守雁平宁朔兵备道、九世孙成龙谨撰。

这篇序文写得很好，全文分为五段：

第一段，以事实和推论，从多方面论证、强调了修舒氏族谱的必要性。

第二段，写祖父、父亲对修舒氏族谱的态度和行动是积极的。归美于先人。

第三段，写当前修好族谱的意义。不仅是情之所系，更重要在于它的文献价值。

第四段，要发挥舒氏族谱的教育作用，以达到“观吾谱者，孝悌之心可以油然生矣”。

第五段，交代写序的时间和自己的身份。序是在前一年就写好了的，到第二年冬十月谱才修成。

家谱（或族谱）是一种以表谱形式，记载一个以血缘关系为主体的家族世系繁衍和重要人物事迹的特殊图书体裁。家谱是中华民族的三大文献（国史、地志、族谱）之一，属珍贵的人文资料，对于历史学、民俗学、人口学、社会学和经济学的深入研究，均有其不可替代的独特功能。

上古时期的家谱，仅为君王诸侯和贵族所独有，其内容也比较单一，其作用仅为世系、血统的证明，是为袭爵和继承财产服务的。到宋代以后，民间编纂家谱的风气兴盛，家谱不再为政治服务，其作用转移到尊祖、敬宗、睦族上了。明清两代，家谱修纂的结构已基本定型，内容也极为丰富，主要包括三个部分：第一部分是世系图，某人的世系所承，属于何代、其父何人；第二部分是家谱正文，是按世系图中所列各人的先后次序编定的，分别介绍各人的字号、父讳、行次、时代、职官、封爵、享年、卒日、谥号、姻配等。这些介绍性的文字，长者一百余字，短者仅二三字，实际是人物小传；第三部分为附录。有些家谱，在立谱时，便确定了家族世系命名的辈分序列，而且事先标定字号，辈分清楚，乡间名之为“排辈”，实则是排资论辈的意思。

乾隆三十四年（1769年），舒成龙70岁了，友人们打算为舒成龙的七十大寿好好庆祝一下。舒成龙推辞说：“生辰乃父母忧危之日，亲在固不敢自寿，亲殁复何忍之？余生平未受祝，非矫情也，有所不安耳。”乃止。

他转到他小时候读书的地方去看了看，几棵老槐树还是老样子，杏子树已经开始结果子了，他又想起幼时偷杏子的事来，叔祖父拿着戒尺冲过来……叔祖父舒琨是他祖父舒瑜的弟弟，这所杏园书屋就是他祖父舒瑜创办的。弹指间，几十年过去了，因年久失修，书屋也出现了不同程度的毁坏。这年夏天的时候，舒成龙又重建了石村杏园书屋。

舒成龙在旧址的基础上重建，希望舒氏族人子孙能在杏园书屋中读书学习。杏园书屋建好后，又在石村专门为学校购置了田产一百亩，作为族姓延请老师的工资，和学校其他的开支之费用。

秋天的时候，舒成龙在石村又建了义宅三十间，专门用来收养族中那些鳏寡孤独、废疾无养的老人，各与义田十五亩。次年春二月，舒成龙又在石村杏园书屋之前，增加了六间教室，延师教宗族戚友，可造者皆就学。

有的人不忙不快乐，舒成龙就是这一类型，他在职时，公务繁忙，现在退了休，也一直没停歇。

四、落叶归根

乾隆三十五年（1770年）夏五月，舒成龙去京师，重修河间会馆。

早在乾隆二十四年（1759年），舒成龙就倡议、资助修缮河间会馆，后因舒成龙奉命要立即赶往甘肃赴任，所以没来得及完成，临行前他交代在京为官的同乡继续抓好工程建设，但是河间同乡在京师任官者，他们各有自己的职责，无暇照顾到河间会馆。从乾隆二十四年（1759年）冬到乾隆三十五年（1770年）夏，这十一年来，河间会馆失于维修，不无倾毁。舒成龙考虑到，这样长期下去，河间会馆终将会废弃消失。于是，他垫资千金，重加修缮，并捐金四百，添置街南一区，以便安置同乡中按规定不得居住河间会馆的人居住。舒成龙的这一举动，深得人心。全河间府的人都为此立碑记载纪念。

十一月，舒成龙又去了京师，是因为弟弟舒瑞龙的事而去的。

舒瑞龙由云南寻甸知州升任刑曹。刑曹，是刑部分管刑事的官署或属官。寻甸是滇东北要冲，道台驻寻甸州城，管辖13府。舒瑞龙在寻甸州任知州，州内矿产丰富，大量的铜要往外运输，由于交通不方便，这里的生产、经贸全靠驴和骡驮运，当地把从事此种劳动的人称作“脚户”“脚夫”“赶脚的”，脚户在当地是一种很常见的职业。舒瑞龙很信任这些茶马古道上的脚户，委托他们运铜。不曾想这些脚户拖延官府的钱款并军需物资，拖累舒瑞龙需要赔垫数达到三万有余。这样大的数额，舒瑞龙实在无力完缴，由于这个缘故，致使他离任后一年多还不能离开去刑部赴职。舒成龙闻听详细情况后，十分担心，不顾年老体病，星夜赶往京师，多方筹办，终于筹齐了三万多银两，并派得力之人送往滇省，使舒瑞龙马上脱去干系，得以到刑部上任。其兄弟手足情深，令人感动。

乾隆三十六年（1771年）春二月，舒成龙回到任丘家中。着手修筑任丘城中一条街道——恒吉里路。

恒吉里路位于任丘县城西北角，玉带河绕城向北，由城下水道流入，环抱其地。这一带居民处在被水的包围之中，靠修筑土路一条，以便往来。每值大水泛滥，土路就被冲毁，居民出入很不方便。鉴于此，舒成龙出资雇工，在雨季到来之前，将土路增高一倍，并扩宽。土路上面还建桥一座，以疏内涝水流。从此这一带水患再也没有发生了。

施工过程中，铁锨、挑筐等工具都是由舒成龙置备的，发给每个民工每日百文钱。其中有个别不出工而冒领者，共计开销数千金。有人说这样太浪费了，舒成龙不由想起以前在荆门修筑工程的往事，别人也这样说过，事实上这样干劲足修得还快些，所以他还是笑着说出那句老话：“大家都是本乡邻里人，何必太计较呢，钱到了他们手中，不是买柴，就是买米，怎么会是浪费呢?”

乡人皆叹服舒成龙的仁义。舒成龙之一生，以缮造为施济，在官、在家都是如此，但不会轻易给佛刹道观修建费用。他的义举颇多，所费不菲，就有一位朋友劝他，当为子孙计。舒成龙则说：“不闻疏广之言乎？贤而多财则损其志，愚而多财则益其过。”友人听了叹服不已。

乾隆三十六年（1771年）夏，修西城桥。桥在任丘县城西门外。乾隆八年（1735年）毁坏，舒成龙修葺之。到现在，又将要毁坏。舒成龙仰体先志，捐金四百多两，彻底重修，倍扩加厚，更名为“文运桥”，并建登楹坊于桥之西。之后又立义仓，以石村为阖族聚处地，设仓贮谷，随时以济不给。舒成龙为记，载《家乘》。

秋天的时候，白洋淀的芦花都盛开了，微风吹来，如雪一般的轻盈，天空仿佛被海水洗过，变得又高又蓝，成团的白云有如羊群一样。舒成龙独自漫步在林间，寻思着皇太后的八旬万寿即将到了，该备上何种礼物再去京师。

当时他身有疾病，大家都劝阻他。舒成龙说：“祝寿大典，岂可以微恙不往!”遂于这一年的秋九月，又来到京师。刚到，痢疾发作，顿时精神恍惚，他的弟弟舒应龙力请他马上回家治疗。

十月初一，舒成龙被接回到任丘家中。他的几个儿子都为他延医调理，舒成龙说：“古人以不服药，为得中医。偶染微疴，又延用此。”在他看来，只是小病而已。

就这样过了十八天，十月十八日的晚上，舒成龙见他的四个儿子都环侍在床前，两个年纪大一些的舒其绶、舒其绂都已是而立之年，三子舒其维也已20出头，只有四子舒其纲才12岁。他把他们看了一遍，点了点头，又开始和平日一样的训话了，为儿子们讲授着如何持身、如何涉世、如何做官、如何为民的种种方法和道理。老爷子娓娓道来，思路清晰，讲了很久很久，尽管都是平日里早就讲过了的老生常谈，几个儿子还是静静地聆听着，不敢打断他的话。

是夜，即十月十九日的凌晨子时，舒成龙去世了，既突然，又平静，享年72岁。

舒其绶等人呼抢无及，遂把他的遗体抬放于中庭。远近的亲戚朋友们得到消息后，惊悼奔赴，下至闾巷妇孺，无不匍匐哭奠，达数千人之多。盛德感人如此。

舒成龙曾著《行年纪略》。那是乾隆三十四年（1769年）舒成龙70岁时，在家闲居，诸子每询旧事，舒成龙随笔录于册，以备观省，并示子孙，识之不忘，所以形成《行年纪略》一书。舒成龙告诫他的几个儿子说："吾生平所行，皆完吾分内事。以求无忝所生，非以沽名也。小子识之！"

舒成龙去世后，荆门孝廉蔚柱，闻丧奔吊。他是舒成龙所赏识的学生，并得到提拔重用，慨然以为老师编《年谱》而自任。蔚柱根据《行年纪略》条次，和他向日的所见所闻，终于编成《观察舒公年谱》一部。

"观察"，是清代对道员的尊称。唐代中叶后于未设节度使的各道设"观察使"，为州以上的长官。清在省下设分守道，辖一省内若干府、县，分巡道辖一省内某一专门项目，其地位类似唐之观察使，后人因为分守、分巡道员也管辖府州，就借用来尊称道员，所以书名称"观察舒公"。

任丘同邑李中简学士，为舒成龙写了传记。

桐城张若淮总宪，为舒成龙写了墓志。

八年后乾隆四十四年（1779年）冬，舒成龙才正式卜葬于任丘石村祖阡之中。墓在村西北，规模很大，有墓碑、石坊、华表。

一代贤吏舒成龙得以落叶归根。

附录一：诗词

象山陆夫子祠

儒宗道脉得心传，今古群推间气贤。
一代经纶归任负，九流人物待陶甄。
谭经要展平生蕴，易俗能移造化权。
抚字未能思往事，空将歌颂拜祠前。

老莱山庄

山庄斜日蔼余晖，想见当年膝下依。
三聘不知朝魏阙，一生长是恋庭闱。
乌啼老木悲空井，水映残霞试彩衣。
我有高堂疏定省，思乡惟有梦魂飞。

赋象山陆夫子、卢公祠

群山万壑赴荆门，政教由来此托根。
举国共推卢氏节，小儒偏受陆家恩。
甘堂荫下歌谁嗣，岘首碑前看泪痕。
岂是琐才能祀事，明庭原有至公存。

龙泉书院勉诸生

（其一）

别业临青甸，新管水竹居。
要期天下士，尽读古人书。
盛业铭汾鼎，横经重石渠。
求贤方下诏，群拟存相如。

（其二）

西效原胜地，况有旧山庄。
就此开灵境，因之筑小堂。
书寻秦汉上，人聚水云乡。
孰是金兰契，相期共庙堂。

（其三）

大道在川上，悟来无片言。
云林谢家宅，山水仲长圆。
简失罗精翼，诗书自计论。
传言二三子，于此探渊源。

（其四）

前贤芳躅在，留得古亭台。
及此追先哲，何难继后来。
雄飞应直上，壮志莫轻灰。
闻说麒麟阁，诸公尽异才。

全忠祠二首

（其一）

豺虎纵横白昼婚，荆门关外阵云屯。
同心自可坚城守，三日其如绝外援。
横海帐前皆死士，睢阳部下悉忠魂。
至今阴雨残碑土，犹有苌弘书血痕。

（其二）

虏骑长驱到处摧，衣冠文物总成灰。
同官杀贼古无有，多士捐躯世所哀。
此日祠堂邻孝井，千秋忠义著芸台。
寄声隔院青云客，不朽原须仗异才。

附录二：舒成龙主要家庭成员

祖父：舒瑜。

康熙十一年（1672年），中举人。四年后，又高中进士。他原本已经候选为谷城的知县，却请辞没有上任。舒瑜把他的主要精力都投放到开办义学、教育后人和赡养父母中了，从某种意义上说，这也正是秉承了舒氏先祖之志。

父亲：舒东峄。

舒成龙的父亲舒东峄，是舒瑜的第四个儿子。他天性沉稳，行事严谨，虽然在学问上没赶上自己的老爹，却给舒家生下了五个男孩，除了长子成龙，还有人龙、瑞龙、应龙和云龙。

母亲：边氏。

舒成龙的母亲边氏，是邻县深州人，边雯（时任深州州学训导，主要负责教育事务，约为从七品）之女。

二位夫人：许恭人、姜孺人。

许氏：雍正二年（1724年）冬十二月，舒成龙二十五岁，娶许恭人，任丘县处士许有恒之女。生有一子两女。

姜氏：雍正十二年（1734年），舒成龙三十五岁，在兵部。时舒成龙父亲舒东峄在都，以舒成龙无子深忧之，命聘大兴姜士龙之女为副室。后以子其绂官，封孺人。生有三子两女。

四个儿子：舒其绶、舒其绂、舒其维、舒其纲。

另有四个女儿。其子女八人顺序如下：

乾隆四年（1739年）十一月，舒成龙四十岁，长女出生，她是许恭人所生。后出嫁给宛平王相国文靖曾孙王元澄为妻。

乾隆七年（1742年）三月，舒成龙四十三岁，长子舒其绶出生，他是许恭人所生。后为娶同邑谢之燧（贵州黔西州牧）女为妻。舒其绶，字紫川，号右郧，贡生，有子三人：舒廷治、舒廷滏、舒廷润。

同年冬十二月，次子舒其绂出生，他是姜孺人所生。后为娶南皮张受长（江西督粮道）女为妻。张氏去世后，继娶同邑李中简（侍讲学士）女为妻。舒其绂，字方来，号青墅，乾隆乙酉拔贡，授顺天香河县教谕。

乾隆八年（1743年）冬十月，舒成龙四十四岁，次女出生，她是许恭人所生。后出嫁给博野尹会一（小宰）之孙尹增淳为妻。

乾隆十一年（1746年）闰三月，舒成龙四十七岁，三女出生，她是姜孺人所生。后出嫁给武强县张渠（中丞）之孙张勋为妻。

乾隆十四年（1749年），舒成龙五十岁，三子舒其维出生，他是姜孺人所生。后为娶高阳刘履乾（山东海丰县令）女为妻。舒其维，字坤一，号蓼塘，邑庠生。生子一人，舒廷泽。

乾隆十六年（1751年）冬十月，舒成龙五十二岁，四女出生，她是姜孺人所生。后出嫁给景州张为旃（观察）子张殿甲为妻。

乾隆二十四年（1759年），舒成龙六十岁，四子舒其纲出生，他是姜孺人所生。后为聘同邑工部虞衡司员外郎李中理女为妻。舒其纲，字之堂，号星圃，过继给舒云龙为嗣子。附贡生，候选州同。有子二人：舒廷淳、舒廷注。

大夫人许恭人是乾隆三十四年（1769年）三月十日去世的。许恭人性情和顺，克尽妇职。事祖姑舅姑，俱得欢心。佐舒成龙理家政，能体舒成龙意。不私储财物，处妯娌无间言。勤俭自持，及贵盛无稍易。诸子每请节劳，许恭人曰："吾正以习勤，为诸妇则也。"至是，积劳成疾卒。舒成龙哭之恸，曰："失吾贤内助矣！"

舒成龙逝世时，二夫人姜孺人还健在。

附录三：毛泽东称赞《荆门州志》

舒成龙在荆门知州任上，花费十年工夫，倾注大量心血，且舍去升迁机会，终于将志书修成并刊刻出版，为荆门留下了一份宝贵的文化遗产。两百年后，舒成龙主编的《荆门州志》曾经得到毛泽东同志的阅读、收藏和好评。

那是1960年10月，时任荆门县委书记的梅白在武昌向毛主席汇报工作时，毛主席对他说："领导者要尊重历史。不懂得历史的人，就不能理解现实。你当县委书记，至少先要知道荆门县志。"梅白深知毛主席酷爱志书，精通历史，外出视察时，也喜欢了解当地的历史。于是就派人连夜从荆门找来两部志书，送给毛主席阅读，其中一部就是舒成龙所主编的《荆门州志》。三天后，毛主席再次召见梅白，就阅读《荆门州志》发表感言和重要指示：

第一，乾隆年间修的州志是最好的一部，这说明中央政府的好坏，可以影响到地方政府的好坏。乾隆最基本的特色是团结汉人，这反映中央政权有一定的开明性，比同治年间编得好。

第二，我发现州志反映一个规律，就是荆门年年有旱，三年一中旱，五年一大旱，你在那里要注意改变这种状况，把解决旱灾放在重要位置上。

第三，要科学种田。既要懂得科学，还要懂得历史。

毛泽东同志的这番话，不仅对舒成龙及其主编的《荆门州志》给予了赞扬和肯定，而且提出了各级党委和政府要高度重视编史修志工作，要以史为鉴，尊重历史，尊重科学，全心全意为人民服务。这些教育对于今日全面建设小康社会的人们来说，仍然寓意深刻，值得我们深思和牢记。

附录四：舒成龙年谱

康熙三十九年（岁次庚辰，1700年），秋九月十五日亥时，公生于石村。

康熙四十三年（1704年）。公五岁。从父受《论语》。读《鲁论》，父授以孝悌大旨，公即解悟。每食必先奉父母，然后自食。

康熙四十五年（1706年）。公七岁。受学于从祖贡杨先生（贡杨即舒琨，明经，邑宿儒，学者甚众，父命其就学）。

康熙四十七年（1708年）。公九岁。春正月，随母之深州。公外祖边缦卿（边雯，贡生）时任深州训导。公随母省亲。外祖见公举止端庄，不苟言笑，甚器之，命公从舅氏镜堂受业。

康熙五十四年（1715年）。公十六岁。秋九月随母归自深州。

康熙五十五年（1716年）。公十七岁。应童子试。公应试不第，益加刻苦自励。终日诵读不倦，时家境窘迫，每自塾归屋无炊烟，间日不能一饱。然公对堂上无戚容。历三年无懈志。

康熙五十八年（1719年）。公二十岁。

春二月如京师。是时家业中落。公慨然曰：读书以致用也。今屡试不售，穷乡株守，子职安在？于是请父命，之京师。久之就怡府聘，资其愧奉甘旨，日用稍给。

冬十二月归里省亲。公寓京师十余载，岁除必归，奉堂上欢。

康熙五十九年（1720年）。公二十一岁。在京师。春三月母病归里。公闻母病趋归。及鄚，天色晚，取便道附石村。在一丛林中迷路。忽见林中有火光闪烁。公尾其后行数十里，光忽不见，已抵里居。母病甚厉，公以身代奉医药，昼夜不解带，数日大痊、人以为至孝所感。

康熙六十年（1721年）。公二十二岁。

在京师。一日，遇交河方姓者，狼狈甚。向故，泣曰：为养亲故外出，苦滞此无归耳，公悯之曰：我亦为亲出也。厚赠归之。

见怡贤亲王。公在京师为人排难解纷甚众，不可枚数。忠信好义之名彻都下。怡贤亲王招公询以时务，所陈皆中肯。王喟然曰："吾阅人多矣，如子洵未易，才也。"遇公有加礼。

在京都。公友某，几以赌废。公戒曰："君溺于赌，纵不计是非亦当审利害。凡人久坠其中，不至败家不止。何故以聪明才力置之无用之地耶！"某由是猛省。公为之图正业。

雍正元年（1723年）。公二十四岁。在京师。

秋七月，考授州同职。是年缦卿先生至京师，谓公曰：汝先人登第后以亲老未仕。子有从政才，当为显扬计也。遂以国子生考职，得州同。

雍正二年（1724年）。公二十五岁。在京师。

秋归里，移居麻家坞。公以祖宅日敝，生齿日繁，于县东南二十里麻家坞建屋十数间，奉祖母，父母移居焉。

冬十二月，娶许恭人。邑处士许有恒之女。

雍正三年（1725年）。公二十六岁。

春二月之芜湖。同邑于明府泓任芜湖。以公夙有干济，延至署中，留半载。对当地吏疵民病言无不尽。于倚重之。

秋九月，归自芜湖。行至临清，遇从兄德奄于舟次，时作客已五年。劝之归里不从。后不知所之。公教养其子雯汉十余年，卒。嫂顾氏无依，公予以义田十五亩，资以终年。

雍正四年（1726年）。公二十七岁。

春正月如京师。秋会试期近，公在京典旅舍一所，供赴试亲友中艰于资斧者寓居。自是科乡试越癸丑会试，就居者甚众。后遂倡建河间会馆。此其开端也。

雍正五年（1727年）。公二十八岁。在京师。

青阳吴宗伯（礼部尚书）与公素好。视学畿辅三年，公不通书信问候。本科会试吴又任本郡主考，仍未见舒公投刺。撤闱后，吴亲自造访公，问曰："吾向知君立心之诚，今而知树品之峻。"公曰："嫌颖之际，不敢不谨。"其律已严正如此。

雍正六年（1728年）。公二十九岁。在京师。

辞怡贤亲王保举。亲王以公有经济才，欲荐于朝。公曰："任巨肩鸿必先度已。倘事不克济，不唯一身之羞，并累王之人之鉴。力辞，乃止。"

雍正七年（1729年）。公三十岁。在京师。

桐城方苞（官礼部侍郎）在都时，与公常交往。曾对公说："君忠信果确，他日入官必能度越时流，余窃有厚望焉。"公称谢。后行事谨慎，唯恐负名公知遇。

雍正八年（1730年）。公三十一岁。在京师。

春，移居邑中丁字街。公以乡居狭窄偏僻，延师无馆。请父命移家县城内，令诸弟就学。

雍正九年（1713年）。公三十二岁。在京师。

春二月，营田效力议叙。公受积后，父命之曰：汝年力方刚，当思乘时出仕。遂就户部营田司效力。议叙以知州用，归部候铨。

三月，分兵部学习。新令：候选人员俱分学习部务。派公兵部车驾司行走。

雍正十年（1732年）。公三十三岁。秋七月，祖母闵宜人卒。公闻讣恸不自胜，告假归。是年冬十月营葬于祖兆封公处。丧事委公治之。公承意旨措置合宜，远近推服。

雍正十一年（1733年）。公三十四岁。在兵部。公在部勤慎。相国鄂公有“居心诚笃，办事老练”的考语。

雍正十二年（1734年）。公三十五岁。在兵部。时封公在都，以公无子深忧之。命聘大兴姜世龙之女为副室。后以子绂官，封孺人。

春二月，拣发湖北，夏五月至武昌。公学习期满，吏部拣选引见，发往湖北以知州用。将行，请举荐二亲就养，封公曰：“汝受爵朝廷，勉为清白吏，以图报称，忠君即以孝亲，何必沾沾就养乎！且汝弟环侍，汝亦可以无忧。”公不获命，乃赴楚。

秋九月，题补谷城县知县。公祖完白先生由进士选授谷城令，未赴任卒。公以知州借补谷城，人皆奇之，以为是天助其继承祖父足迹也。公到任首先革除官价滋长之弊。指令一切照市价购买，有借故克扣者重罚之。商民胥吏俱悦。

禁书役勒索。谷城书役勒索甚于全郡。公到任不久，特设“急行牌”，如书役不法，持牌指告，凭牌惩治。

雍正十三年（1735年）。公三十六岁。

春，修高亭山祠。祠在县城东二十里筑口上，奉祀汉相肖何。依旧制重修。

刊示“士民约法八则”。主要内容：“励士子端品以彰名教；劝讼师改业以挽浇漓；严窝娼聚赌以儆淫邪；惩酗酒斗殴以除刁悍；禁卖休抢亲以正伦理；稽游匪游民以勤职业；申保甲以靖地方；戒私宰以重农务。”各条均详列弊俗之害，反复开讲，使士民“咸知自惕”。

秋七月，行兵兴礼。宾兴大典往往视为具文，公实力举行。诸生贫乏不能应试者厚赠之。后历任皆然。

乾隆元年（1736年）。公三十七岁。

春三月十九日母边氏卒。夏四月闻讣，丁忧归里。公痛母卒未得含殓，请父命奉柩于亭，终丧始葬。与诸弟居倚庐，朝夕哭奠，三年戚容如初丧。

乾隆二年（1737年）。公三十八岁。

春三月，请貤赠祖父母。恭遇覃恩。公请以本身及妻室应得封典貤赠祖父母。由部具题：祖父赠文林郎，谷城县知县；父封文林郎谷城县知县；祖母、母俱赠孺人。

乾隆三年（1738年）。公三十九岁。

秋九月，迁居咸和街。

冬十月，葬母边氏于石村祖阡。公以丧葬多沿里俗，取家礼所载，参诸古经作而行焉。其俗有可通用而不谬者尽从之。尽诚合理，吊者悦服。

乾隆四年（1739年）。公四十岁。

冬十月，赴湖北候补。公自遭母丧，每痛远宦不获奉守。服阕，依封公膝下不乐仕进。封公迫之始循例赴楚。

十一月，长女生。许恭人出，后适宛平王相国文靖曾孙元澄。

乾隆五年（1740年）。公四十一岁。

春二月，署竹山县事。

竹山妇女好佞佛，建道场会聚往往滋事。公严禁之，俗以革。

夏闰六月，题补郧县知县。崔中丞纪题请也。

乾隆六年（1741年）。公四十二岁。

设义渡。邑西南当汉水之冲，渡者舟小易复。公置大船二，民得乘流无恐。

秋七月，兼署房山事。县民范贵实与张会宾素有隙。一日，故遗衣物于会宾门侧，伺其捡入，以盗报。贿役获赃证之，会宾不能直。公得其情，立释张，抵犯罪。

冬十一月调黄冈县知县。黄俗刁悍，事最繁，素称难治。范中丞璨以公才，遂调是任。

乾隆七年（1742年）。公四十三岁。

春二月，迎父就养。

三月，长子其绶生。许恭人出。后为娶同邑谢氏之燧（贵州黔西州牧）女。

夏四月，抵黄冈赴任。公到任观风课士，拔其优者三十人，延请太史道谟教之。诸生范朝纲，宋廷采，登辛卫科进士。

修试院。原黄州试院将毁，规模亦小。公捐廉俸银扩而新之。号舍桌凳以木易。应试者称善。

秋八月，题补荆门州知州。相国孙文定公，以公"品端守洁、治剧才优"，题补是任。

冬十二月，次子其绂生。姜孺人出，后为娶南皮张氏受长（江西督粮道）女。继娶同邑李氏中简（侍讲学士）女。

乾隆八年（1743年）。公四十四岁。

春三月，封公旋里。公请封公赴荆门，封公曰："汝只作好官。有益于民者必力行之，即为善体吾志。犹在署也。于是旋里。

夏闰四月，抵荆门州任。

五月，革里书。里书，楚人名为册书。掌粮册、便稽查，识完欠也。荆门册书舞弊已久：增减粮额，飞诡包收，指虚户为影射，借公垫为抑索；征收时勾串仓书，勒以卡票，种种枉法，为害最巨。历任州牧其赔垫，置之不问。公洞烛其弊，追册革逐。清查田赋，另造约册。开征之先刊刷“易知由单”发给花户，使其知道按约应缴一切。按数输交。诸弊尽除。州人歌以纪之。载州志。

禁强婚。荆门旧俗：每以一女两聘，互控起讼。少妇孀居视为奇货。强迫改图。甚至聚凶党强劫。公令耆老宿儒谕以礼法，并出告示严禁，积习顿除。

代前牧修沙洋堤。前州牧张镇以堤工被议，仍留荆赔修资，无所错。公代修完固，张始脱身。

禁异验伤痕。荆门旧俗：好斗受伤者，不论伤势轻重，虽越百里，也要众人抬着到州衙控告。途中伤风毙命酿成命案者居多。公严厉禁之。如遇被伤，在当地由乡保验禀。犯者重惩。恶习顿除，民命全活甚众。

六月，兼署钟祥县事。前令以失察里书免职。公暂代。时荆门里书之弊已除，“州人益颂公之神明”。

冬十月，次女生，许恭人出。后适博野尹会一（少宰）之孙增淳。

建申明亭。公以荆俗刁顽。于城隍庙左右建申明亭，分彰善、瘅恶二亭，以昭劝诫。孝友端方、乡闾推重者，姓名写入彰善亭。蔑礼悖义，悍然不顾者写进瘅恶亭，使其痛自改悔。三年无过，准许销除怙终不悛，从重治罪。

乾隆九年（1744年）。公四十五岁。

春正月，设立约长。为治理边远乡村顽犷恶习，公择州中“老成敦朴通晓文义”百余人，充任正副约长。分布思乡，让他们对乡民。“与父言慈，与子言孝，与兄弟言友恭，与农工商贾各言其艺业之勤”。公又于岁时，“读法反复明谕”。行之三年，“俗大淳”。

修陆文安祠。宋绍熙初（1174年），陆九渊知荆门军，讲学象山。明弘治间，参政钟文俊即其地建文安祠。久毁，公重新之。后祠勒文安高祖以下四代神位于石，前祠春秋荐享。

夏四月，州产瑞麦及麟。绘图以报奏达。州南柳家州民田产瑞麦一穗，两岐，数十茎。州东马良七宝山山民家牛产麟，麋身鹿尾、遍体麟甲。与经史所载合。州人献颂贺公。公曰：“国家圣圣相承，重熙累洽，治声感身，嘉祥迭见，理有顾然。奈何属下之不敏耶！”绘回图具报，抚军据上闻。公有《瑞麦记》《产麟记》二文以记之。

修沙洋堤。州东南沙洋堤南至潜江界、绵亘二十余里。为江陵、监利、潜江、沔阳、荆门保障。乾隆七年堤决于郑家潭，责成荆门州修理。公详请增高加厚。顶冲之处添筑月堤一道、石矶十座、石护岸二段。乾隆八年动工，九年告竣。嗣于十三年、十八年次第添筑月堤四道，兼办潜江堤工。无滥，沿江一带永庆安滥矣。

设救生。沙洋临江水势甚险。遇风民船常遭复溺。公置船四，每船二人，月有廪给。伺变救之。

详请荆门黄冈兑运，以纾民累。荆门予黄冈俱有岁运。南漕米南运，荆州漕运武昌。荆门便于南二不便于漕，黄冈便于漕而不便于南。公详请互易，荆代冈纳南米，冈代荆输漕米。不敷补以蕲水、广济。上宪允行，胥民称便。

乾隆十年（1745年）。公四十六岁。

春，修建汉上书院。沙洋当汉之冲，旧称文献地。自宋以来，或以宦绩著，或以文章显，代不乏人。公捐俸五百金建堂舍共二十五楹（间）。名曰“汉上书院”。因宋儒朱镇称汉上先生，取以励后进也。工竣选诸生肄业其中，延明经胡克柔教之。数年人文蔚起。公曾作《汉上书院记》。

修小江湖闸。小江湖在州东南，堤长五十里。湖田八万余亩。旧有上下两闸，屡经溃决，闸尽坏。公相地势，于大堤顶冲之处筑月堤一道，复修二闸，由是无涨决之患矣。州同江允柟有记。

夏四月，请除郑家潭水冲田赋。乾隆七年夏大水，郑家潭堤决，冲压民田七十余顷。该条饷银三百一十九两有奇，南漕正耗米百五十六石有奇。民无可耕之田，官追正赋之供。公到任洞悉其苦，即议详请予豁除。因中多阻挠，旷日持久。公慨然曰：“为民司牧，岂以有避忌即视民瘼不恤乎？前牧既未代陈，余复恝置之，是重伤之也。”于是力请上宪呈报朝廷。经复勘属实，部议准“照数豁除”。得旨俞允，灾民勒石铭感。州民陈槛为此事作记。

纂修荆门志。公初到任，索州乘，片纸无存。至是，开局于汉上书院。延黄冈周茂建（孝廉），汉阳王屡泰，本州进士古澧、李光泗，明经陈槛、胡克柔、魏光辉等编辑之。公加审定焉。

定青山村堤按田分修。青村堤向来由沿堤住户分修各垸，力薄难支，公改为通垸（统一的围堤），按田均派开支。到大修时统一修筑。易集民力。

修荆门城。由于上年大雨连旬，荆门城墙东、西、北三面坍塌二十余处。公详请捐修，五年分办。而后又于乾隆十五年修小南门，十六年修西门。共捐资二千三百金有奇。

秋，督修武昌金沙洲石岸。金沙州南临汉水，北接武昌。上宪欲建石岸以为防御，因工程艰巨，巡抚鄂文恭以熟悉堤工委其督修。六个月峻工。在此期间，公还纠正了一起冤案。汉阳杨生，全家死于仇。疑为其异母弟所为。此案久拖未决。制府委派公重审。经调查公力原案犯受到诬陷。制府怒，公不为所动，拉住他的衣袖慢慢解释说："阁下说舒某贤，如不雪此奇冤，别人就更无望了。"制府息怒，让他照自己思路办理，不久捉获了真凶。

九月，仲弟人龙卒。人龙早逝，未能施展才华抱负。公闻耗痛甚，召子其绅至署，请进士古澧教之，直至二十岁补博士弟子员。后为官。

冬十月，大计卓异。制府鄂文恭以公"著有循绩"，上疏举荐。

修养济院。旧址在州西门外，久费。公重修之。捐资增加薪米，穷民得养。

乾隆十一年（1746年）。公四十七岁。

春，重建荆门州署。荆门官署明代毁于火。清初，置民舍为署衙。历任皆因陋就简。公详请修复旧署。建堂、斋、楼舍一百三十楹（间）捐费三千五百金。州人李之湘有碑记。

二月，劝民栽柏。荆门为土地瘠污。民赖以为生者惟稻与柏。"柏"为乔木，其籽可做染料。当地种者不多，公特劝谕广植，定以赏罚。数年民利。

建荆山驿。荆山驿在州北门内，旧设丞。雍正八年裁撤，归州兼管。由于距署衙较远，其西空地渐为民占。公以重价买之重建。又：州南九十里为建阳驿，北六十里为石桥驿，又北二十里为丽阳驿，是年俱重修之。

润三月，三女生。姜孺人出。后适武强县张渠（中丞）之孙张勋。

秋七月，建州丰仓。州仓旧设石牌村。自石牌割隶钟祥，合并州东南之沙洋仓。距州城百二十里。西北粮户赴纳往返有至四五百里者，民苦之。荆营支领兵未亦因之改放折色（即改发其他实物或货币）。公初到任，筹划便民便兵之举，所以请示上宪，在旧州署大堂暂作州仓，营兵仍领本色（即粮米）。至此，改废署为州仓。兵民永无苦累矣。州人许英为此事作记，并勒于石。

九月，建常平仓。常平仓在州署前，旧只3间。贮谷历来借用民房。公因改建于州丰仓西，增为9间。又于沙洋仓北增置监谷常平仓六间。由此，仓庚俱备，不用借民舍。

建文运桥。州治凤鸣门外，众流所经，旧无桥梁，往来不便。公捐资修砌石桥一座。计费千金。以其地近学宫，名曰文运。另，州城平泰门外有平泰桥，州南四方铺有麻石桥，久毁，公俱重修之。

得龙顺二泉。公修桥无石，闻象山下蒙、惠二泉间多乱石，命工掘之。得石碣，刻绝句诗，后署“宋绍兴壬申知荆门军吕元题”。碑下有孔穴五，清流上涌。疏浚之，泉流益旺。遂取碣诗“风云长静白龙宫”句，起名曰“龙泉”。又于象山北得“顺泉”，宋熙宁中学士彭重知荆门军时所疏者也，泉流久湮，浚之与龙泉汇流而东。又，蒙、惠二泉自唐宋著名各有亭，久毁。公重建之。蒙泉亭名曰“养正”；惠泉亭名曰：“清流”。再于龙泉之前建“跃龙阁”“得月台”。一时题咏者甚众。公有《龙顺二泉碑记》。

乾隆十二年（1743）。公四十八岁。

春正月，全民凿堰。荆门千里，水居其半。靠塘堰以利蓄泄。而民多随遇而安，不事修筑。每逢旱灾，束手无策。公广为劝谕，命里长督率修堰，“狭者阔之，壅者浚之，颓者完之，未凿者相地势而兴之”。并亲自赴各地查验。修堰很多，民赖利焉。州人魏光辉序其事。

二月，增建沙洋仓。沙洋仓狭隘。南、漕二米不能容储。历年借储民舍。逢征粮之期，州牧就近理事。无衙署可居。公于旧仓右左置房基二所，合为一区。改建官署二十四楹，添建仓廒十五楹。捐费七百余金。

夏四月，修社稷诸坛。社稷坛在西郊，先农坛在东郊，风云雷雨山川坛在南郊，厉坛在北郊。除先农坛规模略备外，余皆荒凉倾毁。公重加修葺，俱如初制。

封固铜矿。州西北黄集、万福、杉木三山旧有铜矿。公奉委开采。逾二载，工费三千余金，所得不计十之一。公力请封固，以免遗累。详载州志，以告来者。

乾隆十三年（1748年。）公四十九岁。

春三月，建孝隐亭。象山之麓，有周老莱子养亲处。（老莱子，春秋末年楚国隐士，相传居于蒙山之阳，自耕而食。有孝行，年七十，常穿五色彩衣为婴儿状，以娱父母。楚王召其出仕，不就。《史记。老子列传》称：“或曰老莱子，亦楚人，著书十五篇，言道家之用。与孔子同时。”）。公建亭于侧，以祠之。旧有孝田，顺井，均有标志，书“老莱山庄”刻于石。

夏四月，祈雨。州久旱，公归自武昌，趋坛敬祷，雨足。

秋七月，重建后港仓。州东南后港仓于康熙初废。纳米统输沙洋。公详请重建，分贮南米，近村百姓便于缴纳。建仓廒十二间，又建行署为征收办公之地。堂舍共三十间。详见州人王琪碑记。

九月，如京师。公于乾隆十年考卓异。因堤工未竣，制府奏留。至是赴部引见，蒙赐蟒袍。奉旨："准卓异，回任候升。"

冬十月，省亲过里门。

置祭田。

公请于封公，以石村田二百亩为祭田，备时祀与修理茔域之费。世守弗替，公自为记勒石。

十一月，回荆门任。

办军需。郧阳协兵赴川，道由荆门。公预备夫马，分班护送粮草。丰足，并济军营马百匹。筹划精详，里民不扰。

乾隆十四年（1749年）。公五十岁。

春正月，兼署安陆府同知事。

三子其维生。姜孺人出。后为娶高阳刘履乾（山东海丰令）女。

二月，建社仓。荆门旧无社仓（用于"调节调价，备荒赈恤"所设的粮仓。又叫常平仓或民仓，多设于乡村。）社粮借储沙洋。收放不便。公于州城常平仓在建社仓一所。复于四乡适中之地建社仓八所，选忠厚老成者五十余人充正副社长、经理其事。

三月，迎父就养。

浚金虾河。河在州城内，源自西郊天心堰之水。依城根水道流入，旋转由北门左出。原有宣泄道口，日久淤塞。一遇淋雨，水势溢漫，城垣民舍多倾颓。公民州人自天心堰至泄水道口，各依居址自行修浚。其空处与无力之家捐俸助之。河道开宽挖深，两岸砌以砖石。公私两益。

夏五月，再署安陆府同知事。

秋七月，兼署远安县事。远安令张某有循声。以疾卒于官。遗禀折委公署理。公为清鳌未完事件，其家不能归葬。公命役送还葬，厚赠之。

又：公之幕僚江夏王石玉卒于州署。公自远安归，痛哭之。有人以为这样做太过分。公曰："余在荆七年无冤案，皆吾友赞助之力也。"厚赠其子，派役送柩归葬。后，公到其家致祭。

建三闸。州城西蒙、惠二泉之水绕城南流又折而东。旧有闸，久废。及公得龙顺二泉，四水合流。于是将城河开宽加深，重建三闸，近水园田得以灌溉。

冬十月，军功，议叙随带加一级。

舒相国文襄查云南金沙江，过荆门，公进谒。相国语曰："余所历诸境惟荆门百姓恬然，足证刺史之贤也。"

乾隆十五年（1750年）。公五十一岁。

春，修学宫。荆门学宫在凤鸣门内。明末毁于寇。清代百余年来，私人公家相继修葺，略具规模。公因其旧，捐千四百金更新之。较前规模有加，宏整壮丽。州学正刘建作记，勒于石。又，儒学旧署只有草房数间，公又建学署二所，各十四间。

夏四月，推升广西平乐府同知。

置育婴堂。堂在凤鸣门西枣园街。捐资养育。命州人张东林经理其事。婴儿全活甚众。

秋八月，封公旋里。

建江家山闸。州东十里江家山，蒙、惠、龙、顺四泉之水至此环绕成泽，南流入汉。公建闸五座，灌四千顷，兼通舟楫，民大利焉。

冬十二月，奏留荆门任。

荆门士民公呈保留。制府永兴会同中丞唐绥祖，据情入奏以同知升衔仍管知州事。得旨俞允。又，州人杨兴宁葬其父（庐州守毓健）。乞公成主（即点主）。公曰："非公（事）相见，例有参处。吾不敢干议而遂私请也，力辞之。公历任三十余载，持守严正。从未与绅士私宴之约。"

乾隆十六年（1751年）。公五十二岁。

春，建升天塔。乾隆十一年建州署挖掘地基时，发现许多骨骸，纵横狼藉的埋藏于瓦砾之中、不可计数。乃明末李自成起义军攻陷荆门时，知州卢公、州同沈公，学正张公，训导程公等同官四人及诸生黎性醇等二百余被杀于署衙者的尸骨。公目睹心伤，命人做3个大棺殓之。葬于州治北门外。此时，建塔于上，起名曰"升天"，为忠魂祝也。公为文纪之。

夏五月，礼高年。公命各里举民70～90岁年高德优者，共计数百人，会集州署衙，设宴款待，庆乐一天。临行每人送葛布一匹，以示敬老之意。

又，荆营守备朱常表，曾被游击赵国鼎弹劾，二人积怨甚深。朱谓公曰："吾必报之。"公劝曰："素有德于君者曾报之乎？"朱释然。

六月，如武昌。奉制府阿公调，委办庆典事宜。

秋九月，如京师恭办皇太后六旬庆典。

冬十月，四女生。姜孺人出。后适景州张为旃（观察）子殿甲。

十二月奉办皇太后寿典差竣。蒙赐丰貂内缎。

再请貤赠祖父母。祖父晋赠奉政大夫（正五品），同知，管荆门州知州事。祖母，母，俱晋赠宜人。

省亲过里门。

置义田。封公（东铎）曰：吾族多无恒产，屡年周急非经久计。公曰，“昔范文正公置义田，范氏至今受利。石村有田七百亩，前以二百亩为祭田。其余五百亩请为义田，俾族人分种，以为赡养之资”。封公善之。命公为记载家乘。

乾隆十七年（1752年）。公五十三岁。

春三月回荆门任。

荆门赵国鼎游击因事革职。公奉委审理。赵有应追官项，应急无措。公曰：“吾尝同僚，岂可坐视不救乎！”赠金完缴，赵得免其余罪。

是月壬午夜，州治前民居火。男女奔号，公督众急扑。露天跪地祈止，顷刻大雨如注，火遂熄。

捐俸济贫。

前岁荆门旱。署衙未以灾上报，贫民无所仰赖。公捐廉俸银买米二千石济之，民赖以安。

又，当时，上年民欠税赋尚有四千余金，公曰，若仍追缴欠税，必出现卖儿卖女的，吾不忍也。于是又筹措资金代交，让百姓分年交还。民感悦，如期乐输。

秋七月，详报被旱情形。是年，自夏至秋不雨，山乡大旱，灾成十分。公据状上报，上宪以与邻邑情形不符而派员调查。勘实后上疏请赈。

八月，详陈赈恤事宜。公以赈恤攸关民命，亲到山乡逐户查验。决定分别情形赈恤：极贫者，赈五月粮，次贫者四月，又次者三月。大口每日一升，小口折半。详请上奏。得旨；允速行。共动常平仓谷六万八千石，全活者数十万人。

查潜江灾。潜江大旱。邑令报灾减分数。上宪委公前往勘查。公与潜江令去灾区。饥民数千围令，车舆不得行。民情汹汹。公慰之曰："尔辈皆良民，不可玩法。此来活汝也。"众民平静下来。公详复灾情，发粟赈之。民皆安然。

冬十月，详情蠲赋以清民困。公上报被灾甚重，应征钱粮民力实难输纳。请蠲免以甦灾黎。制府会题，得旨允行。共免赋银一万三千一百余两，南米二千五百石有奇。

十一月，给荆门老者布帛有差。是岁，寒冷异常。公念无衣可悯老者尤甚。查州民六十岁以上者给布一疋，绵二斤；七十以上者给帛一疋，绵三斤；八十以上者倍之。得到救济者二千余人。

乾隆十八年（1753年）。公五十四岁。

春，修仙人古堤。堤在新城长堤内。遇大水长堤不能捍御。巡抚视察到荆门，公请其到堤上查看，急应修复。并建议：荒民饥，宜以工代赈。上宪同意。于是"请币兴工"。公亲自住到工地督修，民皆感奋乐往。州人何梯有碑记。

夏四月，保举知府。是年奉上谕，直省督抚各保举堪胜知府任者。永常（制府）以公"历官楚北，著有贤声"专折保举。

六月，如京师。公膺保举送部引见，记名以知府用。

秋七月，省亲过里门。荆门士庶遥祝封公寿，各献诗词，情辞恳挚。公奉于堂上。封公曰："汝前推升同知，荆人保留。今又为予致祝。愚民固以恩感者也。当更勉之。"

八月回荆门任。

荆门营守备朱常表卒于官。贫无所归。公代谋葬，并置房一区，以庇其家。

修聚仙桥。桥在州东南后港镇。其地设仓储，每当收粮时，车辆拥挤，桥更堪忧。士民久议兴修之。公为文序其始末。

乾隆十九年（1754年）。公五十五岁。

春，建龙泉书院。荆门象山书院久废，明弘治间改建陆文安祠。公到任后拔取多人皆肄业于祠。这时，在象山下龙泉之北择地一块，建堂三间、楼三间、斋舍十八间，名曰“龙泉书院”。书院之东建荆园。有堂、书屋、轩、亭共计十五间。又引龙泉水建一方塘。桥梁、台榭咸备。荆园东半部为荆山别业，有堂五间、亭一座、杂舍十二间。公为纪勒石。共捐二千五百余金。

是年，又在东堡山中峰东山书院旧址建讲书台。

建内方书院。州东南九十里内方山，后汉马援读书地。绅士建议在该地建书院。公创置堂舍十四间，建白眉亭，表前贤也。公为文纪之，载州志。

建来龙桥。

荆门之水自象山向南经西城流近州署，历来无桥，不便往来。公捐资创建并为之命名。州人宁绍殷有记。

夏，建释志园。公在陆文安祠南建绎志园。为诸生习射之所。有堂五间，亭舍十二间。与书院相为辉映。公为记勒石。

六月，为卢忠节及殉难诸人请祀典。

公禀请上宪，按时祭祀明末殉难的知州卢公等。略云：益臣报国当赴难以捐躯；志士成仁宜见危而受命。虽名标信史、业已流芳。而典重明禋，尤堪励俗。前明署荆门州知州卢学古，州同沈方，学正张效芳，训导程之奇，此四官者，循良既著于平时，防御更筹于临事。奈众贼环攻城下，四日无援。赖诸臣誓守围中，一心不变。约同官而效死，义重河山。盟多士以同仇，光争日月。无何孤城易陷、独木难支。或骂贼而剖腹屠肠，或抗节而舍生取义。千秋奇烈，一代完人。允宜昭祀典于明廷，庶可慰忠于幽宅。开呈四官事实并诸生黎性等姓名，详情具题。

建全忠祠。前，公为明末殉难知州卢公等请祀典。至是，建祠于书院之右。中间奉卢学古。左右配沈方、张效芳、程之奇。诸生分列于下，俱勒石为主。其失名者亦置虚位。公为之作记，勒石。

请旌荆门节孝。公任荆门十三载，详请题旌，赐金建坊者十有五人。与例不符而实不可没，公自旌其门者60余人。从而，女教之风大著。

捐书院膏火。书院落成，公考取内外诸生童百余人。延请黄冈进士王封渭教之。公捐银一千两，代绅士垫捐银一千六百两，交典商起息，以充膏火之费。公时临书院稽查课程。学业优者厚为奖借。诸生皆奋志力学。次年，九人考中秀才，后中乡试三人。

秋八月，兼署当阳县事。该县西五里章乡有关帝陵。公谒之。修葺环墙，并饬守者，防护勿怠。

九月，荆门州志告成。

自乙丑开志局，历十年而功成。公自序。

辞立生祠。荆门士民欲为公立生祠，公力止之曰："余职膺司牧，随分自尽，非以市名也，立祠实所不安。"乃止。后公升任衡州，荆人塑公像奉于荆园。公与信止之不听。（乾隆）三十六年大水，荆园冲毁，公像俨然无损。荆人异之，集资重建。

修讲经台。象山上原有陆文安之讲经台，亦久湮没。公于象山南岭，山腰砌台构亭，勒"讲经台"三字于石学。安陆（时荆门受安陆领辖）太守张世芳题共亭曰"仰止"，并跋其石。

修霖苍观。观在州西北三里白龙山。祀龙神，遇旱祷雨辄应。将毁，公修而新之。建霖苍阁于其后。山前有许为雨山，下有潭，为唐代祷雨处。公于雨山之巅建甘雨亭。

冬十一月，开制府以俸深咨部。公任荆门十三年。制府开泰以“俸深”咨部代请引见。部复：该员业以知府记名，无庸送部。

乾隆二十年（1755年）。公五十六岁。

春二月，特授湖南衡州知府。

又，武庙将毁，公因即将赴衡州，未来得及修。捐金交付吏目肖式汤，并告之图绘规模，委其照办。后如式修之。

秋八月，之衡州。绅士军民送者数万人。焚香阻道，垂涕称觥，扳舆不能行，三日方出境。士民立碑十数通以记德政。

又，公过长沙时，湖南巡抚陈文恭以衡山令黄某居官松懈，嘱公确访，公过衡见其人诚实，尚可，勉励他好好供职。力保之。

九月，到衡州府任。

衡郡素称难治。公到任即告示所属士民：凡有关民生，事无巨细，据所见闻确实详陈，以备采择。呈请者接踵不断。公取利民者兴之，害民者除之，并饬令各属，奉行勿怠。

设易知由单。

公在荆门时，征收钱粮设“易知由单”，以杜绝吏胥任意增添之弊。到衡州任后，令各属一体遵行。并亲自设计由单程式，开列征粮科目条款。每户一纸，照单完纳。此法一行，贪吏不得受其奸矣。

请增余引。（“引”为商人运销货物的凭证。明清有“盐引”，又称“引斤”。清代每引盐200斤。分“正引”“余引”。）

康熙四十七年，湖南全省商盐尽旧汉镇，食淮盐。引盐俱由汉以水运往各府通销。衡州距汉辽远，又是逆水，挽运艰难。所以衡州所属的常宁、耒阳、安仁三县淮盐极少，人们多食私贩的粤盐。价格昂贵。公到任后，呈请上宪于额派正纲及带销盐引外，每年增加“余引”三万，令淮商代运衡州，交卡商转运常、耒、安三县。平价销售，人们能吃上平价淮盐而再也不吃高价粤盐。禁止了私盐泛滥之弊。

清各属积案。公到任后，发现州衙及所属各县积案累累。说：“讼无大小，速审速结，不惟利民，亦可以自省烦恼也。”所以，命所属司官，抓紧审究，昼夜不停。经三个月，积案全部审结。

乾隆二十一年（1756年）。公五十七岁。

春正月，详请分县。

州治所在地衡阳，地广民稠，素称烦剧。狱讼案件多，专设一名知府同知办理，终日忙碌不暇，也不能清。公呈请上宪，裁撤知府同知数额，设新县分疆治理。改府司狱为典史，衡阳训导为新县教谕，衡阳汛把总驻防新县。其他事宜详列条目。抚衙照请上奏，得旨赐名清泉县。

捐荆门书院膏火。当时，荆门有应还舒公所垫乾隆十六、十八两年正赋银三百三十余两。派人送往衡州交还。公未收，命交付荆门新任知州将此银交典商生息，以充荆门书院膏火。去任后仍关心原任教育，实属难得。

三月，兼摄衡州府同知事。衡州多竹屋。一次发生大火，公令拆邻近民舍以杀火势。当时有的民户有“难色”，公令吏拆之。火熄灭后，公对民户说：“火焰方炽，非拆毁几间房才能遏止。难道是单单对你薄吗！”给他重金，让其另修屋舍。其人“感愧”。

又，衡阳风俗，于端午日‘醵饮至醉’，以龙舟竞渡。”往往斗伤甚至市出人命。公欲禁之。届期派员沿河查阅。只令泛舟，不准竞渡。结果没再出人命。

夏四月十四日，封公卒。

六月，闻讣丁父忧。夏初，公闻封公病，乞终养。未及时上奏朝廷，突遭大故。公悲哀痛绝，摧上宪申报回籍。巡抚陈工以公任衡半载，利兴弊除，善政班班，推为良守。讣至派人吊唁，并具诔词为封公奠。

秋七月去衡州。初，公到任详筹衡郡要务有四：一、文庙宜重加修整，以崇明祀；二、书院宜增置斋舍，以育人才；三、府志宜纂辑，以昭来兹；四、考棚宜宏敞，以便多士。并详禀列宪（各有关上司）。方议修举，忽以丁忧去职。于是，临行先捐五百金，交质库生息，用以添补书院膏火。并嘱托衡阳、清泉两知县经理上述四项。如“四者不能举其一，则永为膏火之资”。后来，绅士踊跃捐输，“力襄其成”，公为文记之（见清泉县志）。

又，公将旋里，以奴仆多楚人，遣之。“众不忍去，垂泪”。公曰：“尔辈不习北地水土，不令随役，虑为苦病也。”遂给资令其回籍，并焚其身份契券。

八月，过荆门。公路出荆门。荆人遮道攀辕，祈为封公致奠，公辞以“奔丧，不容暂停。”众情难却，止于龙泉书院。远近闻知，纷踏而至，“匍匐哀号，各献诔辞赙金”（以财物助人办丧事）。公悉固辞不受。

再捐荆门书院膏火。公临行，捐金三百，添助书院膏火。

冬十月归里。公抚棺号泣，绝而复甦。越三日稍进饮食。朝夕柩侧，终丧如礼。

乾隆二十二年（1757年）。公五十八岁。

春，立宗祠。

宗祠建于里第西，奉曾祖以下三世。准古大夫礼也。公有记，载家乘。

衡人献舆颂。（按：“舆颂”，指众人赞颂之言。）公曰：“衡人用意良厚，然实重余之惭也。”

夏，建祖母闵宜人节孝坊。

闵宜人苦节四十年。乾隆壬戌，督学钱陈群题旌，得旨赐金建坊。至是得建，位于咸和街。

乾隆二十三年（1758年）。公五十九岁。

春二月，立家庙於石村。在祖茔东。自始祖以下。各存世次，分列主位，岁时享祀。合族会食。公有记，载家乘。是年，修茔城。浚池于前，以疏气脉；为山于后，以壮形势；厚筑垣墙，广植树，以资培护。公尝训诸子曰：“凡人丰于财，无不营华屋、构名园以适。至于茔墓，直以为族人公地，任其荒废。不知华屋名园身受者仅数十年，子孙之贤者，尚多历年所，其不肖者一再传，即为他人所有。若茔墓，祖宗之遗骸千百年在焉。己之遗骸及世世子孙亦千百年在焉。以视华屋名园孰为轻重？即后世不肖，鬻及木石，自有阖族禁约。较之华屋名园不得自主，何可并论？尔辈力果有余，即当加意修葺，勿视为公地已也。

冬十月，葬封公于石村祖阡。自初丧直至营葬，哀礼并至。乡人莫不推服，张总宪（督察院左都御史）若潍撰志铭，置于墓穴。

十一月，施粥。时值严冬，乞食者甚众。公悯之，定于每日巳时施粥。自十一月起至次年春二月止。岁以为常。

又，同里某人，拖欠官谷，征摧甚迫，无所措，告急于公。公为完纳。公在家在官，周急事多，不能胜载。

十二月，如京师候补。公服阕已久，诸家务处理完毕，始北上。

乾隆二十四年（1759年）。公六十岁。

春，建河间会馆。京城原有畿辅会馆，康熙初年毁废。公祖完白先生常寓其中，志修之未逮。公服阙在京待补期间，承先祖志，且念“谊笃自近，故馆止河间士大夫官内外众矣”。桑梓之义，人情所同顾。于是捐千斤，首倡修河间会馆。继以捐金不足，又垫金三千，于都城日南坊买故宅新之。筑堂三间，房七十有二。有二亭、杂舍三十五。凡百一十间。割其四之一税为质库、岁取值以为修葺资。是年省试，馆中获中者二十三人。还出了一名解元，即同邑人边方晋。此皆归德于公。河间人戈涛有记，勒于石。

三月，拣发甘肃。四月，至兰州省城。

时甘省办理军需，请拣发人员。公以知府奉命往甘。兼程而往，未及一月至兰州。

五月，赴瓜州查办屯田。瓜州在嘉峪关外。自乾隆二十一年募民屯种。官借籽种、口粮，秋收后征还，屡年积欠累累。后议官民分收，官亦无所获。巡抚杨应琚因公经理善术，派他前去确查。公在瓜州的小湾，踏实堡逐处查明。上复略称：屯民每户仅种田三十亩，顺成之年官收一半，所余已属不敷。一遇欠年收益更差。如不加以改变，官民均受其累。公建议每户增田三十亩，改为升科（新开垦地到一定年限照一般地征粮）。民皆视为世守之业，自然踊跃开垦种植。按当时屯民683户，续报开垦的151户计算，每年可征粮三千余石。比官民分收实为有益。另外，当地未垦之田约数万亩，一并由民报垦，每年春季引昌马河之水灌溉，便可成为沃壤。则安西兵民永无乏食之忧。制府核奏，得旨允行。

过玉门县。公之堂叔介祉兄弟于康熙年间徙居甘肃赤金卫。

公赴瓜州过玉门，经其地。见到几位本家兄弟，苦劝他们回籍安业。众兄弟以出外时间久，不愿回。公置田50亩以赠。

冬十月，署西宁府事。除皮行积弊。

四子其纲生。姜孺人出。后为聘同邑工部虞衡司员外郎李中理女。

详请鼓铸。（“鼓铸”熔化金属，以铸器物或钱币。因其用鼓风炉而名。这里指铸钱。）甘肃向来无铸钱，依靠外省。所以“钱价昂起，兵民病之”。公到任后议设炉铸制钱。取铜于四川，取铅于汉口。后来又在本省开铜矿用于铸钱。利国利民。上宪批准。

乾隆二十五年（1760年）。公六十一岁。

春二月，题补巩昌府知府。巡抚吴某，以公“勤毅”，题请朝廷任命也。

巩昌地处边陲。府署所需之用历来俱责地方供应。公到任后俱照市价购，并勒石以告来者。

另，府属办公所用车骡不敷。过去均取诸民。胥吏私索卖放，诸弊从生。公深忧民累，严禁之。俱以实价雇用，令骡户去官署自领，积弊以除。

请复巩昌茶政总司。

巩昌旧设茶政总司，盘验洮州、河州、庄浪、甘州、西宁五司官引。商人自湖南分运经阳、阳中俱抵巩昌，再发各司。巩昌地处适中，便于稽查。自乾隆十八年，总司改移兰州。茶封四路分走，关隘无稽，夹带影射漫无禁忌。官茶不堪入库，商亦亏本。公呈禀：若复旧制，仍由巩昌盘验，其弊自除。

秋八月。归部。公在甘力持所守，因加捐道员，遵例归部。制府欲专折奏留，公力辞焉。

九月，巩昌立生祠。公德政洽于民心。阖郡士庶以公去，依恋不能相随。立德政坊于郡城东门外。

冬十月，之滋阳。公侄其绅时为滋阳令。公以其初登仕，借自甘归部至其署，耳提面命，嘱之，诸事必先周询利弊而兴除之。其绅受教谨行，由是循声大著。

十一月，归里省墓。移葬仲弟人龙棺穴。

十二月，如京师。祭原湖广总督永公墓，并厚赠其家。因其对公有知遇之恩。

乾隆二十六年（1761年）。公六十二岁。

春二月归里。公族侄望祖，到壮年无妻室。公为之娶妇韩氏后得子。某亲戚叶某、甚贫，公资助为婚。公一生对亲族中无力婚丧者，资助之多不可胜纪。

冬十一，如京师，恭祝皇太后七旬万寿。特恩加一级。

乾隆二十七年（1762年）。公六十三岁。

春二月，归里。阳湖人蒋炳（司晨），与公善，时赴德州迎驾。道经任丘，造访公，劝其乘年尚不老应继续宣力朝廷，“勿以林泉自娱”。公然之。与安州陈德江（按察使），同邑刘炳（知府），前赴景州恭迎圣驾。行至河间忽得痰疾（中风），归而叹曰：“天颜咫过，未遂瞻就之忱，诚缺事也。”

夏五月，祭田、义田、立册在案。公虑延流日久，或有不肖后嗣私事盗卖。呈请知县刘统，将本族祭田、义田详立册存案，永为世守。

秋七月，建诰命坊于石村祖阡。

冬十二月，再之滋阳。

公谓侄其绅曰：“愿汝为贤员勿为能员。”其绅请故，公曰：“能者刻意图名，贤者厚德利物。”

乾隆二十八年（1763年）。公六十四岁。

夏四月，归里。

秋，建祖母闵宜人节孝坊于石村。丁丑夏，已建坊于城内。公念石村祖居根本之地，宜人食贫立节于兹有年，宜建坊于表焉。

立祭田、义田条约（八条）：一、岁时享祀，祭品丰洁；二、家庙家祠及时修葺；三、祖茔防守、林木；四、贫家量助、吉凶；五、酌定出租则额；六、区别分钟亩数；七、余资增置田亩；八、严禁私自典售；详明剀切，阖族遵守无替。

冬十一月，如京归候铨。

乾隆二十九年（1764年）。公六十五岁。

夏六月，孙廷治生。长子其绶出。后为娶同邑边氏廷抡（两淮盐运使）女。

秋七月，奉命赴山西，以道员用。行前公请训、蒙召见。询及瓜州屯田改为升科，办理甚好。公奏，总由督臣谋划得宜。上深嘉之。

八月，至太原。

乾隆三十年（1765年）。公六十六岁。

夏，督修山西城工。晋省应修城垣十七处，工大费繁。中丞彰宝以公熟悉工程，奏委督修。其间，太原裴其乃公之旧友，赠以坐骑，公曰："朋友与共马车，非不可受。但既在此为官，则不可。"力却之。

乾隆三十一年（1766年）。公六十七岁。

春二月，署山西布政使司布政使。当时，布政使、按察使俱因事解职，委公代理。三月，署冀宁道。

钱塘孝廉周鼎，教习期满。公知其品学俱优，请至署，命授业诸子。不满一月，已有选期（作官上任），以公礼遇甚厚，不忍骤辞。公知之，厚赠旅资，促其速行。

秋七月，过蒲州。

公查城工至蒲州。住于试院。刚刚就寝。犹如有人促之起。公披衣急出。方出门口，屋顶倾塌，把卧床砸碎。众人皆惊愕。永济令李友洙惶俱请罪。公恬然曰："成毁有数，岂人所能逆料！于君无关，何罪之有？"

乾隆三十二年（1767年）。公六十八岁。

春正月，署雁平兵备道。到任，属僚晋谒。公训之曰："古人以清、慎、勤为居官三要。然清则必慎，慎则必勤。理自相需，清为尤要，诸君勉之。"

二月，赴归化城。公清查归化马场空地。请准上宪按照屯田之例，募民开垦，民受其利。

秋，城工告竣。自乙酉夏至是秋，三年中，公历查各城城工，亲率僚属检查质量，核实工料。"官无侵冒，民无怨谤"。巡抚衙门验收后称："工程巩固，非实心任事者不能也。"

冬十月，以疾乞归。公督修城工过劳，得痰疾。手足麻木。遂详请回籍调理。中丞代奏，得旨俞允。

乾隆三十三年（1768年）。公六十九岁。

春正月，归里。中丞明德任湖北按察使时素重公。这时以江苏巡抚赴云南赞理军务。公送之至保定。谓曰："君识见老成，完全可以担当重任。当如何而后尽善。"中丞不解，再问，公曰："勿燥进以倖功，勿缘饰以免咎，动谋万全，据实入告，庶有当乎？"中丞深领旨。

二月，为宜尧仁先生立墓碑。尧仁先生为公之父封公的外祖父。有一子名粟，乏嗣。公虑日久失葬所，立碑以表之。时粟乔居京师，老而赤贫，公迎养至家终其身。

夏四月，之香河。丁亥春，次子其绂以乙酉拔贡授香河教谕。公至署，诸生进谒，公详加训勉并为立课程。其绂率而行之，文风大振。

五月，归里。公延舅氏边敬溪先生教授诸子。一日与先生论孝友，公曰：每见先人痛诋不孝不友而内行阙如，殊不可解。果反己自责时，觉根本有亏即无以立于人世。复何暇刻求他人耶！先生叹曰："数言激厉未俗，可谓苦口良剂。"

增置义田。封公于辛未置义田五百亩以赡族人。公虑齿日繁不能遍给。复置五百亩，令族人分种。无匮乏忧。公有记，载家乘。

冬十月，家谱成。公自序。

十一月，如京师。

乾隆三十四年（1769年）。公七十岁。

三月十日，许恭人卒。恭人性和顺，克尽妇职。事祖姑舅姑俱得欢心。佐公理家政能体公意。不私储财物，处妯娌无间言。勤俭自持，及贵盛无稍易。诸子每请节劳，恭人曰：吾正以习勤为诸妇则也。至是，积劳成疾卒。公哭之恸曰：失吾贤内助矣！

夏，重建石村杏园书屋。公祖完白先生设教地也。久毁。公在旧址重建。俾族姓诵习其中。

秋，建义宅。公于族中鳏寡孤独、废疾无养者各与义田十五亩。而栖息无所、重为忧之。遂于石村建义宅30间，以庇族人。公有记，载家乘。

著行年纪略。是岁公家居。诸子每询旧事。公随笔录于册，以备观省。并示子孙识之不忘。

又，里人以公寿七十，拟庆祝。公辞曰：

“生辰乃父母忧危之日，亲在固不敢自寿，亲殁复何忍之？余生平未受祝，非矫情也，有所不安耳。”乃止。

置塾田。公于石村置塾田一百亩。为族姓延师束修膏火之费。公有记，载家乘。

冬十二月，如京师。

乾隆三十五年（1770年）。公七十一岁。

春二月归里。

立义学。公于石村杏园书屋之前增置斋舍六间，延师教宗族戚友。可造者皆就学。

为本支立墓碑。公以祖茔本支无墓碑者甚众，恐日久不能辨。各立碑以志之。

夏五月如京师。

重修河间会馆。已卯修馆成，公即奉命赴甘。同郡官京师者各有职官，无暇照顾。十数年来不无倾毁。公虑日即于废也。垫资千金重修缮。并捐金四百添署街南一区，以处乡人例不得寓馆者。阖郡立碑记之。

冬十月归里。

葬舅氏边境堂先生。镜堂先生捐馆二十余年，尚厝浅土。公代谋葬。一切亲为经纪。

十一月如京师。公弟瑞龙，由云南寻甸牧内升刑部。为运铜脚户拖延官银，加之军需赔垫，总数达三万余两，无力完缴。因此，高任年余未能赴京。公闻确信，星驰入都、多方筹办，并派得力之人送往滇省，少清其累。

乾隆三十六年（1771年）公七十二岁。

春二月归里。

修恒吉里路。

任丘县城西北角为恒吉里。玉带河绕城而北，由城下水道流入，环抱其地。居人界水中筑土路一条以便往来。每值大水泛滥即冲毁，居人苦之。公出资雇工将土路增高一倍，并扩宽。建桥一座以疏其流。水患得平。施工中，铁锹、挑筐由公置备。民工日给百钱。还有个别不出工而冒领者，约花数千金。有人说这样太浪费了。公笑曰：钱入本里邻人手中，非买柴即买米，何为枉费。乡人皆叹公之仁。公之一生以缮造为施济、在官在家皆然。而绝不给佛刹道观。公义举尤多，所费不菲。某友劝公，当为子孙计。公曰："不闻疏旷之言乎？贤而多财则损其志，愚而多财益其过。"友叹服。

夏，修西城桥。桥在邑门外，乾隆八年将毁。公修葺之。至是又将坏。公仰体先致志，彻底重修。倍扩加厚，更名文运。并建登楹坊于桥之西。捐金四百有奇。

立义仓。公以石村为阖族聚处地，设仓贮谷，随时以济不给。公为记，宰家乘。

秋九月，如京师恭祝皇太后八旬万寿。

公时有疾，诸子请止。公曰：祝寿大典岂可以微恙不往！遂之京师。既至，痫疾发作，精神恍忽。弟应龙力请旋里。

冬十月朔归里。

十九日子时，公卒。

参考文献

《大清高宗纯皇帝实录》.

《荆门知州舒成龙》.中国文化出版社.

《流芳百世的贤吏舒成龙》.任丘舒氏宗族联谊会.

《荆门州志》.中国文史出版社.2007.

《清史稿》.中华书局.2015.